Stéphane Etrillard
CHARISMA – Einfach besser ankommen
55 Fragen und Antworten zum Mythos Charisma

Reihe
Soft Skills kompakt
Herausgegeben von Stéphane Etrillard
Band 11

Band 1 – Stéphane Etrillard: *Erfolgreiche Rhetorik für gute Gespräche*
Band 2 – Sabine Mühlisch: *Fragen der KörperSprache*
Band 3 – Reinhold Vogt: *Gedächtnis-Training in Frage & Antwort*
Band 4 – René Borbonus: *Die Kunst der Präsentation*
Band 5 – Ute Simon-Adorf: *Was Sie schon immer über Coaching wissen wollten ...*
Band 6 – Arno Fischbacher: *Geheimer Verführer Stimme*
Band 7 – Ute Simon-Adorf: *Mentaltraining in Frage & Antwort*
Band 8 – Stephan Ulrich: *Menschen grafisch visualisieren*
Band 9 – Jürgen W. Goldfuß: *Wer sich nicht führt, der wird verführt*
Band 10 – Doris Kirch: *Der Stress-Coach*
Band 11 – Stéphane Etrillard: *CHARISMA – Einfach besser ankommen*
Band 12 – Birgit Lutzer – *Bringen Sie es auf den Punkt!*
Band 13 – Ursu Mahler – *Der Konflikt-Coach*
Band 14 – Roland Arndt – *Jedes Telefonat ein Erfolg*
Band 15 – Rositta Beck-Rappen – *BüroEffizienz*

Ausführliche Informationen zu jedem unserer lieferbaren und geplanten Bücher finden Sie im Internet unter www.junfermann.de. Dort können Sie auch unseren Newsletter abonnieren und sicherstellen, dass Sie alles Wissenswerte über das JUNFERMANN-Programm regelmäßig und aktuell erfahren.

STÉPHANE ETRILLARD

CHARISMA
Einfach besser ankommen

Von grauen Mäusen und echten Persönlichkeiten
55 Fragen und Antworten zum Mythos Charisma

Junfermann Verlag • Paderborn
2012

© Junfermannsche Verlagsbuchhandlung, Paderborn 2010
2. Auflage 2012
Covergestaltung/Reihenentwurf: Christian Tschepp
© Coverfoto: Gudmund – Fotolia.com

Alle Rechte vorbehalten.

Das Werk einschließlich aller seiner Teile ist urheberrechtlich geschützt. Jede Verwendung außerhalb der engen Grenzen des Urheberrechtsgesetzes ist ohne Zustimmung des Verlages unzulässig und strafbar. Dies gilt insbesondere für Vervielfältigungen, Übersetzungen, Mikroverfilmungen und die Einspeicherung und Verarbeitung in elektronischen Systemen.

Satz: JUNFERMANN Druck & Service, Paderborn

Bibliografische Information der Deutschen Bibliothek
Die Deutsche Bibliothek verzeichnet diese Publikation in der Deutschen Nationalbibliografie; detaillierte bibliografische Daten sind im Internet über http://dnb.ddb.de abrufbar.

ISBN 978-3-87387-762-7

Inhalt

Als ein freundliches Licht aufglänzte 7

1. Die Töchter des Zeus lassen grüßen 11

2. Charisma: Weit mehr als ein schöner Schein 21

3. Ihr persönlicher Weg zu mehr Charisma 31

4. Der Schlüssel zur charismatischen Ausstrahlung 45

5. Für Skeptiker: 11 Vorurteile über Charisma 57

Ohne Risiken und Nebenwirkungen 71

Literatur 73

Als ein freundliches Licht aufglänzte

„Sein Gesicht war fast noch edler als dasjenige seines Vaters und die Farbe desselben ein mattes Hellbraun mit einem leisen Bronzehauch. Er stand, wie ich jetzt erriet und später dann erfuhr, mit mir in gleichem Alter und machte gleich heut, wo ich ihn zum ersten Mal erblickte, einen tiefen Eindruck auf mich. Ich fühlte, dass er ein guter Mensch sei und außerordentliche Begabung besitzen müsse. Wir betrachteten einander mit einem langen, forschenden Blicke, und dann glaubte ich zu bemerken, dass in seinem ernsten, dunklen Auge, welches einen sammetartigen Glanz besaß, für einen kurzen Augenblick ein freundliches Licht aufglänzte, wie ein Gruß, den die Sonne durch eine Wolkenöffnung auf die Erde sendet." – In diesen Zeilen wird die erste Begegnung zweier Menschen geschildert, wie Sie sie selbst vielleicht auch schon einmal in ähnlicher Weise erlebt haben. Es genügt ein Blick und man spürt, dass das Gegenüber eine ganz außergewöhnliche Person ist. Der Erzähler in diesem Text erkennt die Qualitäten seines Gegenübers ganz intuitiv, ohne genau benennen zu können, warum dieser Mensch einen so tiefen Eindruck hinterlässt. – Es ist das Charisma der beschriebenen Person, das diesen außerordentlichen Effekt auslöst. Wenn Sie nun denken, hier handele es sich um eine Schilderung, wie sie im Buche steht, liegen Sie genau richtig: Der Text stammt von Karl May, und es ist Old Shatterhand, der von seinem ersten Zusammentreffen mit Winnetou berichtet.

Obwohl es sich hier also um eine Art modernes Märchen handelt, lassen sich doch ähnliche Beispiele zu zahlreichen real existierenden Personen finden. In allen Fällen ist jemand tief beeindruckt von einem Menschen, ohne konkret sagen zu können, was genau ihn so fasziniert und was dem beschriebenen Menschen diese Aura verleiht. Immer geht eine besondere Anziehungskraft von der betreffenden Person aus, die sich sogar noch steigert, wenn sie spricht: „Er strahlte Charme aus. Wenn er redete, wuchs er. Selbst als er noch so jung war, zog er die Menschen durch seine Beredsamkeit, seine Aufrichtigkeit und seine moralische Statur an. Ich wusste sofort, dass er außergewöhnlich war." Das schrieb die Witwe von Martin Luther King, dem berühmten amerikanischen Bürgerrechtler.

Ob nun in der Fiktion oder im realen Leben: Charisma wird stets sehr ähnlich beschrieben. Charismatische Menschen hinterlassen den unwiderstehlichen Eindruck einer einmaligen, authentischen Persönlichkeit und ihr Auftreten ist von einer ungewöhnlichen Souveränität geprägt. Wer einem solchen Menschen begegnet, wird unweigerlich in seinen Bann gezogen. Außerdem sind die als charismatisch beschriebenen Menschen in außergewöhnlichem Maße erfolgreich. Auch wenn das Phänomen nur schwer zu erklären ist, wurde tatsächlich noch nie bezweifelt, dass es dieses natürliche Charisma gibt. Schließlich ist die besondere Ausstrahlung der Charismatiker nicht von der Hand zu weisen. Oft wird Charisma jedoch als eine Gabe des Himmels betrachtet, die nur wenigen Auserwählten zuteil wird. Schaut man genauer hin, zeigt sich bald, dass es zweifellos Menschen gibt, denen Charisma in die Wiege gelegt worden ist. Doch ist das wirklich der einzige Weg, Charisma zu erhalten? „Hat" man diese Ausstrahlung im Sinne von „Man hat sie oder man hat sie nicht"? Und welche Bedingungen müssen überhaupt erfüllt sein, damit andere Menschen von dieser faszinierenden Ausstrahlung in den Bann gezogen werden? Und vor allem: Wie sieht es mit mir selbst aus? Kann auch ich charismatisch sein?

Mit diesem Buch will ich das Geheimnis um das Thema Charisma ein wenig lüften. Denn wie sich zeigt, gibt es einige klare Kriterien, die von allen charismatischen Menschen erfüllt werden – und diese Kriterien sind keineswegs mysteriös und unergründlich, sondern lassen sich sehr konkret benennen. Fest steht: Ein Mensch mit Charisma zieht die Aufmerksamkeit auf sich, erntet Anerkennung und erfährt einen Grad der Wertschätzung, Zuneigung, ja Bewunderung, der weit über das übliche Maß hinausgeht. Die eigene Ausstrahlung zu optimieren und mehr Charisma zu entwickeln ist damit uneingeschränkt eine Bereicherung für das eigene Leben. Den Anstoß, diesen Schritt zu wagen, geben uns übrigens die meisten der berühmten Charismatiker selbst: Denn auch ihr Charisma ist nicht aus dem Nichts gekommen, vielmehr haben auch sie an ihrer Persönlichkeit gearbeitet und sich ihr Charisma in gewisser Weise erst angeeignet. – Müsste es dann nicht viel mehr Charismatiker geben? – Nein, denn Sie werden auch erfahren, woran die meisten Menschen auf ihrem Weg zu mehr Charisma ins Stocken geraten. Doch auch wenn es kein leichtes Unterfangen ist: Ein Versuch, mehr aus der eigenen Persönlichkeit herauszuholen und die ganz individuelle Ausstrahlung zu optimieren, lohnt sich allemal. Denn Charisma findet nicht in irgendwelchen höheren Sphären statt, sondern ist ein Phänomen, das seinen Platz im ganz alltäglichen Leben hat und hier für jeden Einzelnen einen persönlichen Gewinn darstellen kann.

Wenn Sie sich vielleicht sagen: „Charisma? – Dafür bin ich wirklich nicht der richtige Typ", sollten gerade Sie der Erste sein, der dieses Buch liest. Und wer sich ohnehin schon für charismatisch hält, dem dürfte es nicht schaden, seine Einschätzung hier einmal mithilfe handfester Kriterien zu überprüfen. Alle anderen werden vielleicht überrascht sein, worauf es beim Charisma tatsächlich ankommt.

Viel Spaß bei der Lektüre
und den Mut zu mehr Charisma wünscht ganz herzlich

Ihr *Stéphane Etrillard*

Kontakt zum Autor und Informationen über seine Seminare:

www.etrillard.com

Twitter:
www.twitter.com/etrillard

1. Die Töchter des Zeus lassen grüßen

Die meisten Menschen können, ohne lange zu zögern, sagen, ob sie eine Person charismatisch finden oder nicht. In der Regel genügen bereits wenige Sekunden für diese Einschätzung, denn charismatische Menschen hinterlassen einen direkten und tiefen Eindruck bei ihrem Gegenüber. Die besondere Qualität ihrer Persönlichkeit ist sofort offensichtlich. Sie haben einfach das berühmte „gewisse Etwas", das alle Umstehenden in ihren Bann zieht und regelrecht verzaubert. Weitaus schwieriger ist es jedoch, diesen Eindruck genauer zu beschreiben und das Phänomen Charisma in Worte zu fassen. Denn der charismatische Gesamteindruck setzt sich aus vielen verschiedenen Facetten zusammen, die wir zwar intuitiv erkennen, allerdings nur schwer benennen und erklären können. Charisma erscheint deshalb manchmal wie eine „übernatürliche", beinahe „mystische" Eigenschaft, die sich allen rationalen Erklärungen entzieht. Doch ganz so aussichtslos ist der Versuch, den charismatischen Eindruck zu konkretisieren, dann doch nicht. Es ist zwar schwierig, aber nicht unmöglich.

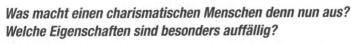

Was macht einen charismatischen Menschen denn nun aus?
Welche Eigenschaften sind besonders auffällig?

Beginnen wir mit einigen der eben erwähnten Facetten, aus denen sich die charismatische Ausstrahlung einer Person zusammensetzt: Charismatiker wirken selbstbewusst und souverän, denn sie treten zielstrebig auf, strahlen Sicherheit und Zuverlässigkeit aus. Sie agieren authentisch und integer, weil sie ihren inneren Überzeugungen und Wertvorstellungen folgen. Sie überzeugen und inspirieren andere Menschen, erscheinen zuversichtlich und erweisen sich als glaubwürdig. Sie wecken bei ihrem Gegenüber Begeisterung, Interesse und Sympathien, weil sie selbst Interesse an anderen Menschen zeigen und mitreißende Begeisterung entwickeln können. Außerdem heben sie sich deutlich von der Masse ab. Ihre besonderen kommunikativen und rhetorischen Fähigkeiten zeugen ebenso wie ihr sicheres Auftreten von einer starken Persönlichkeit, ohne dass sie dabei arrogant oder selbstgefällig wirken. Man nimmt ihnen ab, dass sie mit Leidenschaft für ihre Ideen und Überzeugungen einstehen und auch Verantwortung für ihre Entscheidungen und Handlungen übernehmen. Und obwohl sie eine so herausragende Stellung in der Gemeinschaft einnehmen, stehen sie nicht abseits oder über den anderen, sondern wenden sich offen, tolerant und mit echtem Interesse ihren Mitmenschen zu und sind Teil der Gemeinschaft.

***Charismatiker wirken also rundum überzeugend.
Sie müssen dann doch ungeheuer beliebt sein?***

Das ist richtig. Schon aufgrund der eben genannten Eigenschaften genießen Charismatiker in ihrem sozialen Umfeld ein hohes Ansehen. Sie sind beliebt und werden akzeptiert, ihren Ansichten wird Gehör geschenkt, sie haben Einfluss auf die Meinung anderer und können sich in Gesprächen mühelos durchsetzen. Der Erfolg – sowohl im Privat- als auch im Berufsleben – scheint ihnen einfach sicher: Sie werden besonders gern zu Partys eingeladen, auf der sie dann auch immer eine gute Figur machen. Sie haben einen intakten Freundeskreis, in dem sie selbst als guter und zuverlässiger Partner wahrgenommen werden. Charismatiker erhalten im Beruf verantwortungsvollere Aufgaben und Positionen, die sie erfolgreich erfüllen. Sie gehen souverän mit Konflikten und Auseinandersetzungen um, weshalb sie gern und oft um Rat gefragt werden. Sie scheinen die Balance zwischen Beruf und Privatleben absolut im Griff zu haben und wirken nie gestresst oder überfordert. Gleichzeitig ruhen sie sich nicht auf ihren Lorbeeren aus, sondern suchen stets nach neuen Herausforderungen, die sie dann zielstrebig verfolgen. Niemand spricht schlecht über sie, selbst Neid oder Konkurrenz kommen nur selten auf. Angenehme Situationen machen sie noch angenehmer, und eine gute Stimmung wird durch ihre Anwesenheit noch besser. In angespannten oder hektischen Situationen suchen andere ihre Gesellschaft, weil die Charismatiker Sicherheit und Ruhe ausstrahlen und konstruktiv an Probleme herangehen. Charismatiker vermitteln ihren Mitmenschen ein gutes Gefühl, weil sie zeigen, dass sie gern mit ihnen zusammen sind und Spaß an gemeinsamen Aktivitäten haben oder sich über die gute berufliche Zusammenarbeit freuen. Gern nehmen sie Anregungen von ihren Mitmenschen auf und haben großes Interesse daran, von den Fähigkeiten und Kenntnissen der anderen zu lernen.

Und welche Rolle spielen Äußerlichkeiten? Charismatische Menschen werden doch auch oft als sehr attraktiv wahrgenommen. Gehört zum Charisma immer auch ein bestimmtes Aussehen?

Zweifellos verfügen Charismatiker über ein hohes Maß an Attraktivität. Um einen Irrtum vorab aufzuklären: Ein gutes Aussehen oder gar Schönheit werden zwar immer wieder genannt und können natürlich bereits vorhandenes Charisma weiter beflügeln, zählen jedoch ganz sicher nicht zu den wesentlichen Bedingungen. Denn erstaunlicherweise – oder besser glücklicherweise – ist die positive Wirkung nicht daran gebunden, dass jemand bestimmte körperliche Vorzüge aufweist und als „hübsch" oder „schön" gilt. Es gibt viele Beispiele von charismatischen Menschen, die ganz und gar nicht einem bestimmtem Schönheitsideal entsprechen. Ein bekanntes Beispiel ist der französische Intellektuelle und Schriftsteller Jean-Paul Sartre. Unbestritten galt er als sehr charismatisch, und das „trotz seiner wulstigen Lippen, den dicken Brillengläsern und seiner gedrungenen Statur"[1]. Umgekehrt gibt es auch viele Menschen, die mit einem perfekten Körper und einem makellos schönen Gesicht aufwarten können – und dennoch über keinen Funken Charisma verfügen.

Wenn Charisma also nicht bloß eine Ansammlung von positiven sichtbaren Eigenschaften einer Person ist, was ist es dann? Es muss dann ja etwas mit dem Charakter, mit der Persönlichkeit eines Menschen zu tun haben.

Richtig. Charisma beinhaltet weitaus mehr als das, was von anderen als besondere Ausstrahlung wahrgenommen wird. Denn die Voraussetzungen dafür liegen in der Persönlichkeit eines Menschen. Weil Charisma immer authentisch und nie künstlich oder aufgesetzt ist, kommt es auf die tatsächlichen persönlichen Eigenschaften an. Deshalb lässt sich Charisma auch nicht als bloße Geste antrainieren oder von anderen Personen kopieren.

Notwendige Voraussetzung, um nach außen charismatisch zu wirken, ist eine positive Einstellung zu sich selbst. Dazu gehören zweifellos ein gesundes Selbstwertgefühl und ein ausgeprägtes Selbstbewusstsein. Beides entsteht, wenn wir uns selbst wirklich kennen und akzeptieren und im Einklang mit unseren Überzeugungen leben. Unser Selbst, unsere Persönlichkeit setzt sich zusammen aus unseren Wünschen, Hoffnungen und Bedürfnissen, Überzeugungen, Ideen und Zielen, Stärken und Schwächen, Entscheidungen und Handlungen. Je mehr wir uns über all diese Aspekte unseres Lebens bewusst werden, umso bewusster können wir unsere Lebensführung gestalten und umso zufriedener werden wir sein. Denn so entscheiden und handeln wir selbstbestimmt und im Einklang mit unserem Selbst. Die Lebensfreude, die daraus erwächst, sorgt dafür, dass wir aktiv am Leben teilhaben. Wir widmen uns unseren Aufgaben und Herausforderungen mit Leidenschaft und Zuversicht, gehen gern auf andere Menschen zu und sind offen für Anregungen, ohne dabei uns selbst und unsere Ziele aus den Augen zu verlieren.

---

1   Deutschlandfunk: *Essay und Diskurs – Charisma und Gott.* Sendung vom 05.07.2009

Es ist also gar nicht möglich, sich zu verstellen, sich einfach etwas selbstbewusster zu geben und so zu tun, als ob man Charisma hätte?

Das ist in der Tat unmöglich. Selbst wenn man für einige Zeit den Anschein erwecken könnte, eine charismatische Persönlichkeit zu sein, wird dieser Anschein schon nach kurzer Zeit verfliegen, weil die Voraussetzungen einfach nicht gegeben sind und sich unser Gegenüber nicht dauerhaft über unsere wahre Verfassung täuschen lässt. Die oben genannte positive Einstellung zum Leben, zu sich selbst und zu anderen ist die unverzichtbare Basis der charismatischen Wirkung. Fehlt diese Grundlage, kann kein echtes Charisma entstehen. Die Mitmenschen spüren intuitiv sehr genau, ob jemand mit sich selbst im Reinen ist, authentisch und aus echter Überzeugung handelt oder ob er nur eine antrainierte Rolle spielt, um etwas darzustellen, was er in Wirklichkeit gar nicht ist. Sobald dieser Eindruck entsteht, bröckelt die angeblich charismatische Fassade, denn wer sich selbst verleugnet und sich hinter einer Maske versteckt, kann keine positive Einstellung zu sich selbst haben.

Die beschriebene positive Einstellung ist auch Voraussetzung für viele andere Eigenschaften, die wir, neben der Authentizität, den charismatischen Menschen zuschreiben.

Welche Eigenschaften sind damit gemeint?

An erster Stelle stehen dabei das Verantwortungsbewusstsein und die Bereitschaft, auch tatsächlich Verantwortung für die eigenen Entscheidungen und Handlungen zu übernehmen. Das fällt umso leichter, je eindeutiger diese Entscheidungen und Handlungen auf die eigenen Überzeugungen zurückzuführen sind. Wenn die persönliche Entscheidungsfindung sowie die konkreten Handlungen und Verhaltensweisen eines Menschen mit seinen tatsächlichen Überzeugungen, Vorstellungen, Ansichten und Wünschen übereinstimmen, fällt es nicht schwer, für die Folgen geradezustehen. Das gilt auch – oder gerade – für den Fall, dass wir eine falsche Entscheidung getroffen oder einen Fehler gemacht haben. Hier stellt sich eine gefestigte und verantwortungsvolle Persönlichkeit unter Beweis, die einen Fehler nicht leugnet, sondern dazu steht und sich mit den Folgen auseinandersetzt. Wer sich so verhält, dem wird aus einem Fehler nicht gleich ein Strick gedreht. Im Gegenteil: Ein verantwortungsvoller und offener Umgang mit eigenen Fehlern steigert oft sogar das Ansehen und die Glaubwürdigkeit einer Person.

Wer hingegen versucht, sich nach einem Fehler oder einer falschen Entscheidung mit Ausreden aus der Verantwortung zu stehlen und die Folgen jemandem anderen aufzubürden, wird schnell und auch nachhaltig einen Imageschaden davontragen. Stellen Sie sich zum Beispiel vor, Sie sind Gastgeber einer großen Feiergesellschaft.

Sie kümmern sich ums Buffet, um die Musik, die Unterkunft der Gäste, einfach um alles, was zum Gelingen der Feier beitragen soll. Wie sich im Laufe des Festes jedoch herausstellt, haben Sie bei der Planung für die Getränke vergessen, dass auch viele Kinder mitfeiern, und es fehlt an besonderen Angeboten für die kleinen Gäste. Um Ihren Fehler zu verschleiern, schieben Sie die Schuld kurzerhand auf den Catering-Service, der die Kindergetränke nicht geliefert haben soll, obwohl sie bestellt waren. Diese Ausrede erscheint Ihnen ganz hilfreich, denn vom Catering-Unternehmen ist niemand mehr da, der Ihrer Version widersprechen könnte. – Oder Sie stehen zu Ihrem Fehler, geben die Panne zu und bitten ein oder zwei Freunde, Ihnen dabei zu helfen, schnell Abhilfe zu schaffen, damit auch die Kinder ihren Spaß haben auf dem Fest. – Es dürfte klar sein, welche Version den besseren Eindruck macht.

Verantwortungsbewusstsein bezieht sich aber natürlich auch auf sich selbst und die eigene Entwicklung. Wer hier Eigenverantwortung übernimmt, wird selbst aktiv, um persönlich und/oder beruflich weiterzukommen. Er setzt sich Ziele und arbeitet an deren Verwirklichung. Menschen, die jedoch stets darauf warten, dass die äußeren Umstände besser werden oder dass andere Menschen ihnen „in den Hintern treten" oder ihnen neue Chancen eröffnen, übergeben anderen die Verantwortung für sich selbst und stehen ihrem Vorwärtskommen damit im Wege. Diese Eigenverantwortung betrifft nicht zuletzt auch die eigene Gesundheit. Menschen, die mit ihrem Körper und ihrer Gesundheit Raubbau treiben, vernachlässigen hier ihre Verantwortung. Dabei bringt es auch nichts, die Schuld auf den stressigen Beruf, den strengen Chef, die engen Termine oder die Familie zu schieben, die einem ständig mit irgendwelchen Forderungen in den Ohren liegt. Jeder ist selbst dafür verantwortlich, was er sich zumutet und was nicht. Und nur wer diese Verantwortung auch wahrnimmt, wird die Bedingungen schaffen, um charismatische Wirkung zu entfalten.

 Charismatiker verfügen oft auch über außerordentliche soziale und kommunikative Fähigkeiten. Gehört dies auch zu den grundsätzlichen Qualitäten von charismatischen Menschen?

Unbedingt. Eine weitere wichtige Eigenschaft von charismatischen Menschen, die eben auch auf eine positive Einstellung zu sich selbst und zu anderen zurückzuführen ist, ist die ausgeprägte soziale Kompetenz. Charismatiker fügen sich harmonisch in Gemeinschaften ein, weil sie gern und mit echtem Interesse auf andere Menschen zugehen. Dabei nutzen sie ihr Einfühlungsvermögen, um anderen näherzukommen und etwas über sie zu erfahren. Charismatiker betrachten andere Menschen und ihre Ansichten, Fähigkeiten und Kenntnisse als Bereicherung ihres eigenen Lebens, nicht als Konkurrenz für ihre Stellung innerhalb der Gemeinschaft. Sie begegnen anderen mit Respekt und persönlicher Wertschätzung und sind sehr tolerant, weshalb sie sehr zugänglich und sympathisch wirken. Und das gilt für den privaten Freundes- oder Bekanntenkreis genauso wie für berufliche Gemeinschaften.

In diesem sozialen Miteinander spielt die Kommunikation eine äußerst wichtige Rolle. Und dabei geht es immer um zweierlei: Zum einen geht es in Gesprächen, Diskussionen oder Verhandlungen darum, eine inhaltliche Verständigung zu erzielen. Dafür muss man sich selbst klar und verständlich ausdrücken, aber sich gleichzeitig auch darum bemühen, sein Gegenüber korrekt zu verstehen. Das geht nur, wenn man aufmerksam zuhört und unvoreingenommen in ein Gespräch geht. Zum anderen wird bei der Kommunikation immer auch die Beziehung der Kommunikationspartner beeinflusst, positiv oder negativ, je nachdem, wie das Gespräch verläuft. Wenn Sie Ihrem Gegenüber zum Beispiel ständig ins Wort fallen, seine Argumente überhören, Missverständnisse ignorieren und Ihren Standpunkt auf Biegen und Brechen durchsetzen wollen, dann wird Ihre Beziehung – egal welcher Art – darunter sicherlich leiden. Ganz abgesehen davon, dass auch das Ergebnis auf der inhaltlichen Ebene aller Wahrscheinlichkeit nach nicht zufriedenstellend ausfallen wird. Um hingegen die Beziehung positiv zu beeinflussen, ist es wichtig, partnerschaftlich und konstruktiv zu kommunizieren, sodass beide Parteien angemessen zu Wort kommen, ihre Ansichten in das Gespräch einbringen können und gleichermaßen am Gesprächsergebnis beteiligt sind. Unter diesen Voraussetzungen bestehen auch die besten Chancen für ein befriedigendes Ergebnis in der Sache.

Charismatiker beherrschen beide Herausforderungen der Kommunikation: Sie achten auf eine funktionierende inhaltliche Verständigung und berücksichtigen stets auch die Beziehungsebene zum Gesprächspartner. Das führt dazu, dass sie gerade in Gesprächen oder Verhandlungen eine sehr große Überzeugungskraft entwickeln und man das Gefühl hat, sich ihrer Ausstrahlung und ihren Argumenten kaum entziehen zu können. Dabei geht es ihnen jedoch nicht darum, unbedingt als „Sieger" aus einer Diskussion oder Verhandlung hervorzugehen … ihr Ziel ist vielmehr das bestmögliche Ergebnis in der Sache, von dem möglichst alle Beteiligten profitieren. – Nicht zuletzt diese Herangehensweise zeugt von einer souveränen Persönlichkeit und weckt beim Gegenüber starke Sympathien.

Hinzu kommt, dass charismatische Menschen oft auch rhetorisch sehr versiert sind. Sprache und Körpersprache setzen sie sehr bewusst und gekonnt ein, sie drücken sich präzise aus, sind schlagfertig und lassen sich durch etwaige rhetorische Tricks nicht in die Defensive drängen oder manipulieren. Souverän beherrschen sie sowohl den freundlichen Smalltalk mit der Verkäuferin an der Käsetheke als auch die Festansprache zum Firmenjubiläum oder das Schlichtungsgespräch mit streitenden Geschwistern. Eine Prise Humor und (Selbst-)Ironie rundet das Ganze ab. – Andersherum haben wir alle auch schon einmal die Erfahrung gemacht, dass jemand, der auf den ersten Blick charismatisch wirkt und uns regelrecht begeistert, seine besondere Ausstrahlung sofort verliert, wenn er den Mund aufmacht und uns mit wenigen Worten veranschaulicht, dass er nur über sehr eingeschränkte rhetorische Fertigkeiten verfügt.

Wenn Kommunikation von so großer Bedeutung ist für die charismatische Wirkung, dann hat Charisma immer auch mit der Beziehung zu anderen Menschen zu tun?

Das ist richtig. Die Zuschreibung von Charisma hat immer mit anderen Menschen zu tun. Es ist ja auch wenig sinnvoll, wenn jemand von sich selbst sagt: „Ich bin charismatisch." Die Bedeutung von Charisma entsteht erst mit der charismatischen Wirkung auf andere. Deshalb gehört zum Charisma immer auch die Hinwendung zu anderen Menschen und deren Einbeziehung. Menschen, die sich – bei allen vorhandenen persönlichen Qualitäten – aus Arroganz oder Egoismus oder aus welchen Gründen auch immer von der sozialen Gemeinschaft abwenden, sich darüber erheben oder sich einfach nur daraus zurückziehen, werden nie als Charismatiker wahrgenommen werden.

Dass Charisma kein egoistisches Prinzip ist, zeigt auch die Wortherkunft: „Schon zu Homers Zeiten bezeichnet das Wort ‚Chara' die Freude, die aus dem Wohlergehen der Gemeinde entspringt, und die Chariten als Stadtgöttinnen und Töchter des Zeus personifizieren alles Anmutige, Schöne, Frohsinnige und Erhabene, wonach sich nicht nur Menschen, sondern auch Götter sehnen."[2] Die heutige Bedeutung von Charisma leitet sich daraus ab. So heißt es im Herkunftswörterbuch zum Fremdwort Charisma: „Es stammt ab von griechisch *chárisma* ‚Gnadengabe', zum Verb *charízesthai* ‚gefällig sein, gerne geben'. Ins Deutsche ist es über die Vermittlung von lateinisch charisma ‚Geschenk' gelangt. Zunächst wurde es nur im religiösen Bereich im Sinne einer ‚von Gott als Geschenk verliehenen außergewöhnlichen Begabung eines Christen in der Gemeinde' verwendet. Seit dem 20. Jahrhundert findet es sich in der allgemeinen Bedeutung ‚besondere Ausstrahlung'."[3]

---

2   Georgieva, Christina: *Charisma – Theoretische und politisch-kulturelle Aspekte der „Außeralltäglichkeit".* S. 25

3   Duden – *Das Herkunftswörterbuch*, 3. Aufl. Mannheim 2001 [CD-ROM]

Nach diesen Definitionen können also Personen, die nicht auch das Wohl der anderen im Sinn haben, keine Charismatiker sein? Was ist denn – als extremes Gegenbeispiel – mit Diktatoren oder Sektenführern, die zweifellos eine starke und mitreißende Wirkung auf andere haben, aber alles andere als etwas Gutes damit bezwecken? Haben diese Personen kein Charisma?

Diese Fragestellung ist sehr interessant, denn gerade sehr wirkungsmächtigen Bösewichten möchte man ja eigentlich kein Charisma attestieren, obwohl sie fraglos über eine beeindruckende Ausstrahlung und eine hohe Anziehungskraft verfügen. Die eben beschriebene soziale und moralische Komponente von Charisma macht es aber möglich, solche Fälle auszuschließen. Für sie passt wohl besser der Begriff des Demagogen, der andere Menschen aufhetzt und durch leidenschaftliche Reden verführt. Gerade der Bezug zu den griechischen Chariten erlaubt es, eine klare Grenze zwischen Charismatikern und Demagogen zu ziehen: „Wer von den Chariten beschenkt war, dem [...] gelang es im dynamischen Wechselspiel mit der Gemeinschaft, diese durch seine Rede zu begeistern. Nicht auf Zwang oder Unterdrückung, sondern auf Freiwilligkeit und dem sozialen Miteinander [...] habe die entflammende Wirkung der Rede beruht – und insofern sei die charismatische Rede von einer demagogischen klar unterscheidbar."[4]

Das lässt sich natürlich auch auf unseren normalen Alltag übertragen und betrifft nicht nur Staatenlenker oder andere große Machthaber. So wird auch ein Firmenchef, der zwar über hervorragende fachliche Qualifikationen verfügt, stets souverän auftritt und in jeder Verhandlung eine gute Figur macht, kaum als charismatisch bezeichnet werden, solange er beispielsweise in Verhandlungen zu unfairen Mitteln greift oder seine Mitarbeiter herrschsüchtig herumscheucht. Charisma ist in unserem alltäglichen Sprachgebrauch einfach positiv besetzt, und so verträgt sich seine Zuschreibung nicht mit negativen (Charakter-)Zügen.

Ist Charisma denn immer auch mit Erfolg verbunden? Sind nur Menschen in besonderen Positionen charismatisch? Oder kann auch Lieschen Müller von nebenan durch eine charismatische Ausstrahlung glänzen?

Beruflicher oder gar finanzieller Erfolg, also Reichtum oder eine herausragende berufliche Stellung sind keine Voraussetzungen, um Charisma zu entwickeln. Charismatische Menschen können zwar oft auf berufliche Erfolge zurückblicken, diese resultieren jedoch eher daraus, dass sie Charisma haben, sind aber keine notwendige Vorbedingung für Charisma. Das Gleiche gilt auch für eine (politische) Machtposition: Sie ist nicht der Ausgangspunkt einer charismatischen Entwicklung, sondern

---

4 Deutschlandfunk: *Essay und Diskurs – Charisma und Herrschaft*. Sendung vom 12.07.2009

gegebenenfalls eher Teil davon. Dass Charisma auf jeden Menschen zutreffen kann, wird schnell deutlich, wenn Sie sich einmal diejenigen Personen ins Gedächtnis rufen, die Sie für charismatisch halten. Sicher werden darunter auch einige Politiker, Schauspieler, bekannte Wirtschaftsbosse oder Popstars sein, doch vermutlich auch einige Menschen aus Ihrem Freundes-, Kollegen- und Bekanntenkreis, Ihrer Familie oder aus Ihrer Nachbarschaft.

Viel wichtiger als finanzieller, beruflicher oder machtbezogener Erfolg ist im Zusammenhang mit Charisma jedoch eine andere Form von Erfolg: die eigene Zufriedenheit darüber, das tun zu können, was man wirklich tun will. Charismatische Menschen sind auch deshalb so faszinierend, weil sie in dem, was sie (beruflich) tun und wie sie leben, vollkommen aufgehen. Das kann zum Beispiel ein Beruf sein, den man wirklich liebt. Oder man folgt seinen künstlerischen Ambitionen und lernt mit großem Eifer noch einmal ein Instrument. Oder man nimmt sich eine berufliche Auszeit, um sich seiner Familie widmen zu können. Etwas poetisch könnte man sagen: Charismatische Menschen folgen ihrem Herzen.

Das ist ein Erfolg, der sich vielleicht nicht in Geld oder Einfluss auszahlt, dafür aber umso mehr die Lebensqualität und Lebensfreude erhöht. Nicht selten sind es gerade Menschen in sehr hohen, einflussreichen und auch finanziell äußerst rentablen Positionen, die sich auf dem vermeintlichen Höhepunkt ihrer Karriere entschließen, ihren bisherigen Beruf sausen zu lassen, weil sie in ihrer Tätigkeit keine Befriedigung, keine Herausforderung und keinen Sinn mehr finden können. Sie fangen dann lieber in einem anderen Bereich noch einmal ganz von vorne an, anstatt einem Erfolg hinterherzulaufen, der ihnen letztlich nichts bedeutet. Wir bewundern solche Menschen, weil sie sich nicht von Zwängen oder Ängsten einengen lassen, sondern das tun, was sie für richtig halten und was ihnen guttut. Dabei folgen sie ihren eigenen Wertvorstellungen und nicht denen anderer Menschen, die ihnen vielleicht sagen, dass eine gut bezahlte Arbeitsstelle mit Aussicht auf einen Chefposten doch viel besser sei als der Versuch, die Musikerkarriere aus Studententagen wieder aufleben zu lassen. – Charismatische Menschen jedoch wissen, dass Erfolge, die keine persönliche Befriedigung bringen, letztlich keine Erfolge und damit bedeutungslos sind. Diese Überzeugung wirkt sich nachhaltig auf die Ausstrahlung einer Persönlichkeit aus.

Weil aus dieser Überzeugung eine Facette der charismatischen Wirkung entsteht, empfinden wir zum Beispiel auch einen vermeintlich erfolglosen Künstler als charismatisch, der zwar kaum etwas von seiner Kunst verkauft, aber aus fester Überzeugung an seiner Arbeit festhält. Er liebt seine Arbeit, findet darin Befriedigung und Bestätigung, und sie ist eine Herausforderung, die ihn anspornt und Freude bereitet. Er könnte auch Bilder produzieren, die dem Mainstream folgen und sich verkaufen würden. Doch damit würde er seine eigenen Überzeugungen und letztlich sich selbst verraten. Sein Festhalten an seiner wahren Kunst ist Ausdruck einer starken Persönlichkeit und begeistert uns. – Und so kann natürlich auch Lieschen Müller von nebenan sehr charismatisch sein und Begeisterung wecken, sofern sie ein Leben führt, das ihr gefällt, und die Dinge tut, die ihr wichtig sind. Und ob dieses Leben das einer Hausfrau und Mutter oder das einer ehrgeizigen Umweltaktivistin oder einer kreativen Dichterin ist, spielt dabei keine Rolle.

Woher kommt aber diese Begeisterungsfähigkeit, mit der Charismatiker die Menschen so stark in ihren Bann ziehen können?

Ausschlaggebend dafür ist sicherlich die Leidenschaft, mit der sich charismatische Menschen für ihre Ideen, Überzeugungen und Ziele einsetzen. Diese Leidenschaft entsteht, weil sie ihre Ideen und Ziele ganz bewusst in Übereinstimmung mit ihrem Selbst entwickeln. So sind sie ein authentischer Bestandteil der Persönlichkeit. Es besteht kein Zweifel darüber, dass sie wichtig, erstrebenswert und von Bedeutung für die eigene Persönlichkeit sind, denn sie sind ja daraus entstanden. Deshalb kommen keine Fragen auf wie „Warum mache ich das eigentlich?" oder „Gibt es vielleicht doch ein anderes, besseres Ziel?". Es bereitet Freude, an der Verwirklichung der eigenen Ziele zu arbeiten, und verschafft befriedigende Erfolge, diese Ziele zu erreichen. Das gibt dem eigenen Leben Sinn.

Doch das ist nur die eine Seite der Begeisterungsfähigkeit: die eigene Begeisterung und die tiefe und echte Überzeugung, das Richtige zu machen. Die andere Seite bezieht sich auf die anderen Menschen, die diese Begeisterung teilen (sollen). Damit wir uns von der Begeisterung eines charismatischen Menschen anstecken lassen können, müssen wir seine Ideen und Ziele auch verstehen. Wenn uns beispielsweise vollkommen unbegreiflich bleibt, wieso der oben beschriebene Künstler immer weiter seine unverkäufliche Kunst produziert, dann werden wir vermutlich seine Begeisterung nicht nachvollziehen und nicht miterleben können. Verstehen wir jedoch seine Ambitionen und Überzeugungen, so verstehen wir auch seine persönliche Begeisterung und lassen uns gern mitnehmen auf seine Reise. – Und hier kommt wieder eine schon beschriebene Qualität von Charismatikern ins Spiel: ihre kommunikativen Fähigkeiten. Charismatischen Menschen gelingt es, anderen Menschen ihre Ideen, Überzeugungen und Zielvorstellungen verständlich zu machen. Sie kommunizieren klar und deutlich, welche Bedeutung damit einhergeht und wieso sie ausgerechnet diese Ziele anstreben. Dank ihrer Überzeugungskraft und ihrer aufmerksamen Hinwendung zu anderen Menschen machen sie ihre Vorstellungen für andere nachvollziehbar. Und wenn sie dann selbst mit Begeisterung und sichtbarer Leidenschaft dafür eintreten, fällt es uns leicht, uns mitreißen zu lassen.

2. Charisma: Weit mehr als ein schöner Schein

Charisma ist zweifellos eine wünschenswerte Eigenschaft. Deshalb führt jede Beschäftigung mit dem Begriff und dem Phänomen Charisma früher oder später zu der Frage, ob sich Charisma erlernen und trainieren lässt oder ob es tatsächlich so etwas wie ein „Gnadengeschenk" ist, mit dem man entweder gesegnet wurde oder eben nicht. Es gibt viele Menschen, die von Letzterem ausgehen und der Meinung sind: Charisma hat man oder man hat es nicht. Und wer es nicht hat, hat eben Pech gehabt. Alles Erlernte ist unecht und im besten Falle schöner Schein, aber niemals wahres Charisma. – Diese Annahme trifft glücklicherweise nicht zu. Charisma lässt sich sehr wohl erlernen. Allerdings reicht es dafür nicht aus, sich von „echten" Charismatikern ein paar Tricks abzuschauen und eine glanzvolle Rolle zu spielen, die die eigene, nicht so schillernde Persönlichkeit einfach überstrahlen soll. Auch das Charisma, das wir uns aneignen, ist immer echt und basiert auf authentischen persönlichen Eigenschaften. Deshalb erfordert die Entwicklung von Charisma immer eine Entwicklung unserer Persönlichkeit.

Das klingt so, als würde im Grunde jeder Mensch charismatisch sein wollen. Doch ist das tatsächlich so? Wird Charisma immer uneingeschränkt positiv betrachtet? Haben charismatische Menschen nur Vorteile von ihrer besonderen Ausstrahlung?

Da gibt es interessanterweise ein kleines Paradox, das insbesondere hierzulande Wirkung zeigt: Charisma wird zwar allgemein bewundert und gelobt, gleichzeitig aber werden charismatische Menschen manchmal unterschwellig verdächtigt, ihr Publikum auf raffinierte Weise zu verführen und mit ihrer Ausstrahlung zu blenden, anstatt es mit guten und seriösen Argumenten zu überzeugen. Dieser Verdacht (der wohl aus den historischen Erfahrungen mit der Anziehungskraft von Demagogen resultiert) ist gegenüber Charismatikern vollkommen unberechtigt. Dennoch führt er dazu, dass gerade diejenigen, die über sehr bedeutungsvolle Inhalte reden (Politiker, Wissenschaftler etc.), oft betont sachlich und nüchtern auftreten, um ihren seriösen und damit glaubwürdigen Ruf zu untermauern. „Die Scheu vor Demagogie und Verführung hält Menschen, die wirklich etwas zu sagen haben, oft genug davor zurück, mit Schwung, Emotionalität und Begeisterung ihre Ideen zu vertreten. In Deutschland hat immer noch derjenige die größere Reputation, gilt immer noch als seriös und glaubhaft, der sachlich-trocken und emotionslos sein Wissen vorträgt."[5] Charisma wird bei dieser Sichtweise als schöner Schein missverstanden, der die eigentlichen Inhalte übertüncht und auf diese Weise Menschen dazu verführt, Argumenten zu folgen, die sie – ohne die vermeintlich „charismatische Verblendung" – ablehnen würden.

Wie gesagt handelt es sich hierbei jedoch um ein Missverständnis von Charisma. Bei unserem Verständnis von Charisma hingegen spielen Echtheit, Aufrichtigkeit und die Zuwendung zu anderen Menschen eine wesentliche Rolle. Das schließt die vorsätzliche Täuschung von anderen mithilfe der eigenen Verführungskunst definitiv aus. Und ich bin ganz sicher, dass insbesondere die Menschen, die eine echte Botschaft haben und mit einem festen Standpunkt und sachlich überzeugenden Inhalten aufwarten können, diese mit ihrem charismatischen Auftreten nur unterstützen – und so am deutlichsten unter Beweis stellen, dass Charisma der Seriosität und Glaubwürdigkeit keinerlei Schaden zufügt.

Dieses Vorurteil gegenüber Charismatikern ist jedoch nicht der einzige Aspekt, der manche Menschen daran zweifeln lässt, ob Charisma tatsächlich in jedem Falle erstrebenswert ist. So mancher scheut sich auch vor der wachsenden (Selbst-)Verantwortung, die mit der Entwicklung von persönlichem Charisma zwangsläufig einhergeht.

Über die große Bedeutung des Verantwortungsbewusstseins haben wir ja bereits zu Beginn gesprochen. Nur Menschen, die ganz bewusst Verantwortung übernehmen und dieser Verantwortung auch gerecht werden, können charismatisch sein. Aber es ist wohl nicht jedermanns Sache, so viel Verantwortung zu tragen?

Das stimmt. Manche Menschen haben eine gewisse Scheu oder sogar Angst davor, für ihr Handeln und Entscheiden und für ihr Leben in so hohem Maße selbst die Verantwortung zu übernehmen. Die Gründe dafür können vielfältig sein. Vielleicht fühlen sie sich nicht stark genug oder sie spüren intuitiv, dass sie nicht konsequent nach ihren Überzeugungen leben. Deshalb treffen sie Entscheidungen oder tun Dinge, für die sie nicht wirklich die Verantwortung übernehmen können, weil sie sie tief in ihrem Inneren selbst für falsch halten oder zumindest einen gewissen Widerspruch zu ihren echten Ansichten empfinden. Manchen erscheint es aber auch schlichtweg bequemer, die Verantwortung für bestimmte Dinge an andere abzugeben oder den äußeren Umständen zuzuschreiben. – Unter diesen Voraussetzungen

---

5 Schmidt-Tanger, M.: *Charisma-Coaching*, S. 13

muss man allerdings sagen: Diese Menschen sind (noch) nicht bereit dafür, Charisma zu entwickeln. Denn auch diese Entwicklung selbst beziehungsweise das Anstoßen dieser Entwicklung erfordert ein hohes Maß an Eigenverantwortung. Nur wenn ich bereit bin, mein Leben selbst in die Hand zu nehmen und ein selbstbestimmtes Leben im Einklang mit meinen inneren Überzeugungen zu führen, bin ich überhaupt in der Lage, den Weg zu mehr Charisma einzuschlagen.

Wenn es um die Entwicklung des eigenen Charismas geht, wenden viele Menschen auch ein, dass sie doch gar nichts Besonderes sind und nichts Besonderes vorzuweisen haben, worauf sie ihr Charisma stützen könnten. Ist das wirklich ein Argument?

Das ist natürlich kein Argument, das der Möglichkeit, Charisma zu entwickeln, widersprechen würde. Dieses Denken ist eher Ausdruck davon, dass Menschen unter Umständen ihre eigenen Leistungen und ihr eigenes Potenzial unterschätzen. Sie meinen, das wäre doch alles nichts Besonderes, was sie bisher erreicht haben oder was sie darstellen. Sie haben zum Beispiel keine herausragende berufliche Karriere gemacht, sondern lieber auf eine Beförderung verzichtet, um weiterhin genug Zeit für die Familie zu haben. Oder sie sind noch nie einen Marathon gelaufen, sondern immer nur zweimal die Woche ihre Fünf-Kilometer-Runde um den See. Oder sie haben es nicht geschafft, ihre Ehe zu retten, sondern haben sich scheiden lassen und müssen privat jetzt noch einmal ganz von vorne anfangen. Oder sie haben nicht den Ehrgeiz, ihr Äußeres auf Perfekt zu trimmen und die überschüssigen fünf Kilo abzunehmen, um in das Designeroutfit zu passen, sondern frühstücken gern ausgiebig und freuen sich an den kulinarischen Genüssen ... Die Liste der Beispiele ließe sich noch lange fortsetzen. Die Gemeinsamkeit ist: Die Menschen übersehen hier oft, was sie persönlich in diesen und ähnlichen Situationen tatsächlich geleistet und welche persönlichen Qualitäten sie dadurch unter Beweis gestellt haben und weiterhin unter Beweis stellen.

Die bewusste Entscheidung für die Familie und gegen die Karriere ist ja nicht automatisch ein Zeichen für fehlende berufliche Zielstrebigkeit, sondern folgt im besten Fall den eigenen Wertvorstellungen von einem guten Leben, bei dem viel Zeit mit den eigenen Kindern nicht fehlen darf. Und gerade in einer leistungs- und erfolgsorientierten Gesellschaft ist es nicht unbedingt einfach, eine prestigeträchtige Karriere zugunsten des privaten Glücks aufzugeben und auf Anerkennung von außen, auf Geld und beruflichen Erfolg zu verzichten. Und auch das unspektakuläre Lauftraining macht im Bekannten- und Kollegenkreis vielleicht nicht so viel her wie ein absolvierter Marathonlauf, fördert aber die eigene Fitness und Gesundheit, sorgt für Entspannung und macht Spaß, und das regelmäßig zweimal pro Woche. Der private Neuanfang nach einer Ehescheidung wiederum erfordert viel Mut und Entschlossenheit und eine große Portion Veränderungsbereitschaft. Und mit sich selbst zufrieden zu sein, trotz einiger Pfunde zu viel auf den Rippen, und sich Genüssen hinzugeben, die das Leben bereichern und schöner machen, zeugt auch eher davon, dass man bewusst Prioritäten setzt, die einem selbst zugute kommen, anstatt irgendeinem Ideal hinterherzueifern, das einem selbst nichts bedeutet.

Doch wie sieht es bei echten persönlichen Krisen aus? Werfen Ereignisse wie zum Beispiel der Verlust des Arbeitsplatzes, das Scheitern eines Auswanderungsversuches oder einfach eine folgenschwere Fehlentscheidung nicht doch ein schlechtes Licht auf eine Person?

Gerade auch Lebenskrisen, Rückschläge oder Brüche im Lebenslauf, die man durchlaufen und gemeistert hat, sind kein Makel der Persönlichkeit, der einer charismatischen Wirkung im Wege stehen würde. Ganz im Gegenteil: Die Bewältigung von schwierigen Lebenssituationen stärkt eine Persönlichkeit, und das wirkt sich auch auf die Ausstrahlung aus. Die gewonnene Lebenserfahrung macht Menschen reifer, selbstsicherer und oft auch zuversichtlicher, weil sie wissen, dass sie auch die Zeiten gut überstehen, in denen nicht alles nach Plan verläuft. – Sicherlich lassen sich nicht hinter allen ungenutzten Möglichkeiten oder Fehlschlägen immer auch positive Motive finden. Doch öfter, als man denkt, ist die vermeintlich schwächere Wahl bei genauerem Hinsehen die stärkere. Ausschlaggebend ist, ob eine Entscheidung im Einklang mit sich selbst und mit den eigenen Überzeugungen getroffen wurde und welche Konsequenzen man selbst daraus zieht. Hier bewährt sich eine gefestigte Persönlichkeit – und das eben oft ganz unspektakulär.

Im Grunde stehen uns also alle Türen zum Charisma offen, sofern wir dazu bereit sind. Doch der Einwand, dass angeeignetes Charisma künstlich ist und echtes Charisma eben gerade nicht erlernbar ist, liegt ja durchaus nahe. Wie soll etwas, das wir uns – womöglich mühevoll – antrainieren, authentisch sein?

Auf den ersten Blick erscheint das wie ein Widerspruch. Mit einem Beispiel lässt sich jedoch gut veranschaulichen, dass dieser erste Eindruck täuscht. Denken Sie einmal an ein sehr schönes Konzert Ihres Lieblingsmusikers: Erschien Ihnen hier das Spiel der Instrumente oder der Gesang sehr angestrengt und mit großer Mühe verbunden? Sicher nicht. Ein professioneller Musiker wirkt souverän und interpretiert selbst musikalisch sehr anspruchsvolle Kompositionen scheinbar mühelos. Angesichts dieser Leichtigkeit vergessen wir gern, dass ein solcher Auftritt nur durch jahre- und oft jahrzehntelanges Üben und Studieren möglich ist. Tatsächlich ist es aber die Regel, dass gerade die begabtesten Musiker täglich vier und mehr Stunden mit konzentriertem Üben verbringen. Und letztlich wissen wir als Publikum auch ganz genau, welch enormer Trainingsaufwand hinter dieser Leistung steht. Doch auch der Musiker selbst wird im Moment seines Konzertes nicht die Anstrengung spüren, sondern kann sich ganz der Musik hingeben und die Leichtigkeit entwickeln, die die Musik zu einem genussvollen Erlebnis für den Zuhörer werden lässt.

Ganz ähnlich verhält es sich mit unserem Charisma. Wer sein Charisma entwickeln oder ausbauen möchte, begibt sich auf einen langen und durchaus auch mühevollen Weg, denn nicht nur, dass man bereit sein muss, sich von Gewohnheiten, Bequemlichkeiten und (selbst gesetzten) Grenzen zu verabschieden ... manche Fähigkeiten und auch Verhaltensweisen, die es zu erlernen gilt, muss man schlicht und einfach üben, üben, üben – bis man sie so souverän und mühelos beherrscht wie der Profimusiker sein Instrument beim Konzert.

Dass etwas Angelerntes für uns selbst nun auf ewig fremd und künstlich bleibt und nicht irgendwann zu unserem Selbst gehören sollte, ist schon insofern unplausibel, weil Menschen sich ja von Geburt an ständig weiterentwickeln, Neues dazulernen, Fähigkeiten erwerben und verfeinern, Wissen hinzugewinnen und neue Verhaltensweisen antrainieren. Würden nur unsere Eigenschaften und Fähigkeiten, mit denen wir auf die Welt gekommen sind, als authentisch gelten, würde ja kein einziger erwachsener Mensch authentisch sein. Insofern steht das Erlernen einer Sache keineswegs im Widerspruch zur Authentizität. – Benutzen wir statt der Wörter „antrainieren" oder „lernen" den Begriff „aneignen", wird dieser Prozess auch sprachlich nachvollziehbar: Wenn wir uns etwas aneignen, dann machen wir uns nämlich etwas zu eigen. Es gehört dann zu uns, ist Teil unserer Persönlichkeit – und somit authentisch.

Es spricht also überhaupt nichts dagegen, der eigenen Persönlichkeit etwas Charisma zu verleihen und sich selbst auf diese Weise positiv in Szene zu setzen?

Ganz richtig. Und wir sollten diese Möglichkeit auch nutzen, denn wir profitieren ja gleich in mehrfacher Weise davon: Die persönliche Anerkennung, der soziale und berufliche Erfolg und das eigene Selbstbewusstsein wachsen, da wir ein Leben nach unseren Wertvorstellungen führen und dank unserer Ausstrahlung andere Menschen begeistern und überzeugen können. Unsicherheiten, Selbstzweifel und etwaige Zukunftsängste verringern sich im Gegenzug, weil wir uns auf eine gefestigte Persönlichkeit stützen können. Wir tun das, was wir für richtig halten, treffen Entscheidungen aus tiefer Überzeugung und führen ein Leben nach unseren Vorstellungen. – Insofern bedeutet Charisma weit mehr als nur die Verbesserung der eigenen Wirkung auf andere. Charisma ist auch eine wichtige Bereicherung für das eigene Leben und die eigene Persönlichkeit und steigert in hohem Maße die Lebensfreude und -qualität.

Was kann ich nun konkret tun, um meinem Charisma auf die Sprünge zu helfen?

Der erste und wichtigste Schritt ist – wie bei so vielen Dingen – der ernst gemeinte Entschluss, etwas zu ändern und die Dinge selbst in die Hand zu nehmen. Darin klingt bereits der zweite wichtige Schritt an: Übernehmen Sie konsequent und dauerhaft die Verantwortung für Ihre Entscheidungen und Ihr Handeln (und genauso für Ihre Versäumnisse und Fehler). Dann gilt es, zunächst einmal eine Bestandsaufnahme zu machen, um herauszufinden, an welchen Aspekten Ihrer Persönlichkeit Sie sinnvollerweise ansetzen sollten, um Ihre persönliche Entwicklung zu starten. Das ist natürlich individuell ganz verschieden und bedarf durchaus einiger Zeit, denn Sie müssen dabei sehr ehrlich über sich selbst urteilen und die Facetten Ihrer Lebensführung gründlich durchdenken. Nur so können Sie wirklich zutreffende Schlüsse aus dieser Analyse ziehen. Finden Sie heraus, womit Sie zufrieden und womit Sie unzufrieden sind, wie weit Sie Ihren inneren Überzeugungen folgen und an welchen Stellen Sie eher auf den Einfluss anderer reagieren. Suchen Sie nach Grenzen, die Sie bisher nicht überschritten haben, und nach Wünschen, die unerfüllt blieben. Rekapitulieren Sie ebenso Ihre sozialen Beziehungen und deren Verläufe. Betrachten Sie außerdem auch das, was Sie bereits erreicht haben, was Sie glücklich macht, wo Sie sich im Einklang mit Ihrem Selbst fühlen. Welche Herausforderungen sind Ihnen geglückt? Welche Krisen haben Sie gemeistert? Welche Erfolge konnten Sie erzielen? Werfen Sie gleichermaßen einen Blick auf Ihre berufliche Laufbahn. Macht Ihnen Ihr Beruf Freude? Bereichert er Ihr Leben oder belastet er es? Welche beruflichen Ziele haben Sie erreicht, welche sind noch offen? Sind Sie von der Wichtigkeit dieser Ziele wirklich überzeugt?

Solche Überlegungen und Fragen führen Sie Schritt für Schritt zum Kern Ihrer Persönlichkeit und damit zur Quelle Ihres Charismas. Da dieser Prozess von so grundlegender Bedeutung für die Entwicklung von Charisma ist, werden wir im dritten Kapitel dieses Buches ganz ausführlich darauf eingehen.

Der dritte Grundpfeiler einer charismatischen Wirkung ist, neben dem Verantwortungsbewusstsein und der souveränen Persönlichkeit, die Ausstrahlung auf andere Menschen und damit die Kommunikationsfähigkeit. Diese lässt sich erlernen und trainieren, doch niemals als Täuschungsmanöver fingieren. Rhetorische Taschenspielertricks oder gar das Manipulieren von Gesprächspartnern helfen deshalb hier nicht weiter. Nur der Ausbau Ihrer tatsächlichen Eigenschaften, die Verbesserung und Weiterentwicklung Ihrer kommunikativen Fertigkeiten und die bewusste Anwendung kommunikativer Grundregeln wird Sie dabei zum Ziel führen. Die wichtigsten Einsichten über eine gelungene Kommunikation, über wirkungsvolle Rhetorik und über Möglichkeiten, die eigene Kommunikation und Wirkung zu verbessern, verdienen ebenfalls ein eigenes Kapitel in diesem Buch. Das vierte Kapitel dieses Buches wird sich deshalb gezielt diesem Thema widmen.

Wenn diese drei Grundpfeiler – Verantwortungsbewusstsein, eine souveräne Persönlichkeit und eine wirkungsvolle Kommunikation – aufgebaut sind und einen festen Stand haben, ist die Basis für eine charismatische Erscheinung gelegt. Ihrem charismatischen Auftritt steht dann nichts mehr im Wege. Jetzt haben Sie es selbst in der Hand, mit Ihrer Persönlichkeit, Ihrem Auftreten und Ihrer Überzeugungskraft zu punkten. Sie sind der Regisseur Ihres Auftritts und Ihres Selbst.

Auch wenn sich, wie wir gerade gesehen haben, Charisma also als authentische Eigenschaft aneignen lässt, reagieren wir auf die Inszenierung von Charisma doch immer auch etwas skeptisch. Gerade bei aufwendigen medialen Inszenierungen von Personen neigen wir doch gern zu der Vermutung, dass hinter dem ganzen Glanz ein ganz normaler Mensch mit Schwächen und Unzulänglichkeiten steckt, der ohne sein gestyltes Outfit und ohne Blitzlichtgewitter und Bühnenshow längst nicht mehr so beeindruckend wäre. Wie weit kann inszeniertes Charisma gehen, um noch echt und glaubwürdig zu sein?

Zunächst einmal: Natürlich sind auch sehr charismatische Persönlichkeiten oder mediale Berühmtheiten, die normalerweise im Rampenlicht stehen, ganz normale Menschen mit Schwächen, Unzulänglichkeiten und einer abgetragenen Jogginghose im Schrank. Auch sie können einmal einen schlechten Tag haben und sprühen vermutlich nicht jede Sekunde ihres Lebens vor charismatischer Ausstrahlung. Doch wenn sie uns mit ihrer Ausstrahlung in Begeisterung versetzen, dann möchten wir natürlich gern, dass es sich dabei um eine authentische Eigenschaft von ihnen handelt und nicht bloß das Produkt einer perfekten Inszenierung ist, die uns über den wahren Zustand der Persönlichkeit täuscht.

Die Erfahrungen mit Medien und medialen Inszenierungen legen nun allerdings den Verdacht nahe, dass es vermutlich möglich ist, mithilfe einer geschickten Inszenierung einer Person eine ähnliche Wirkung beim Publikum zu erzielen wie mit echtem Charisma. Denn der perfekte mediale Auftritt kann selbstverständlich künstlich produziert werden: Rhetoriktraining, Laufstegtraining, Berater fürs Outfit, Gesangs- oder Tanzausbildung, politische Berater, persönliche Fitnesstrainer, im schlechtesten Fall auswendig gelernte Antworten fürs Interview – das alles lässt sich problemlos einrichten, wenn es darauf ankommt, jemanden ins rechte (Scheinwerfer-)Licht zu setzen. Aus Sicht des Publikums bleiben daher immer Zweifel an der Echtheit des Auftritts, denn schließlich haben wir bei populären Stars und Sternchen in der Regel nicht die Möglichkeit, hinter die Inszenierung zu schauen und den „echten" Menschen zu erleben. Diese Person kennen wir nicht persönlich, sondern nur als mediales Abbild. Was unter der inszenierten Oberfläche liegt, bleibt uns normalerweise verborgen und im Reich der Spekulationen. „Das Spannende dabei ist: Selbst wenn wir wissen, dass das Charisma von Stars medial produziert ist, und selbst wenn wir sogar dabei zugeschaut haben, verliert es deshalb nicht automatisch seine Wirksamkeit."[6]

 Damit würde Charisma aber eine wichtige Bedingung verlieren, nämlich die der Authentizität. Ist dieses Charisma dann überhaupt noch das Charisma, von dem wir bisher gesprochen haben?

Nein, wenn wir die Bedingung der Authentizität aufgeben, verändert sich unser Begriff des Charismas grundlegend. Um nun an dem Aspekt der Authentizität festhalten zu können, ist es durchaus sinnvoll, für das eben beschriebene Phänomen der medialen Inszenierung einer Person einen anderen Begriff zu benutzen: Glamour. So ist es möglich, zwischen einer medialen „Star"-Inszenierung und der Inszenierung einer authentischen charismatischen Persönlichkeit auch begrifflich zu unterscheiden. Glamour beschreibt die besondere Ausstrahlung und Anziehungskraft eines Menschen, die jedoch künstlich hergestellt wurde. Die Wirkung ist ähnlich der des Charismas, doch sie ist keine Qualität der Person, sondern das Ergebnis einer perfekten Inszenierung. Das heißt nun nicht, dass ein glamouröser Star nicht auch Charisma haben kann. Doch auf dem Weg der medialen Inszenierung (und nur so begegnen wir diesen Stars ja üblicherweise) lässt sich für uns letztlich nicht entscheiden, ob es sich um echtes Charisma handelt, dem wir das Authentische als notwendige Eigenschaft zuordnen, oder um künstlichen, aber ebenso verführerischen Glamour. Dass wir als Zuschauer hier oft keine eindeutige Entscheidung beziehungsweise Unterscheidung treffen können, da die Wirkung auf uns ja ähnlich ist, ist nun jedoch weit weniger bedeutungsvoll, als man vielleicht denken mag. Wichtig ist doch nur, dass wir uns dieses Unterschieds zwischen Charisma und Glamour bewusst sind und nicht jeden Popstar gleich für einen echten Helden halten.

 Demnach ist es also gar nicht so wichtig, ob beispielsweise ein Popstar echtes Charisma hat oder nur eine besonders gute PR-Beratung?

Auch wenn das etwas drastisch klingen mag, aber für uns als Publikum ist das letztlich ziemlich egal. Die Bedeutung von Medienstars für unser „wirkliches" Leben

---

6 Deutschlandfunk: *Essay und Diskurs – Charisma und Pop.* Sendung vom 19.07.2009

ist, genau genommen, in der Regel gering. Solange wir sie nur als Medienereignis erleben und nicht als Teil unseres sozialen Lebens, dienen sie in erster Linie der Unterhaltung. Warum sollen wir uns hier also nicht einfach verzaubern lassen, auch wenn es vielleicht nicht aus eigener Kraft des Popstars geschieht? Wenn wir uns bewusst sind, dass wir dabei über die echte Person letztlich nichts erfahren, sondern lediglich ihre mediale Inszenierung sehen oder hören, können wir das verführerische Spektakel ruhig genießen.

Weitaus wichtiger für uns und unser Leben sind die Menschen, mit denen wir direkt in Kontakt stehen, mit denen wir unser Leben teilen, zusammen im Büro sitzen und die wir unmittelbar erleben, eben die Menschen, die wir kennen, die zu unserem sozialen und beruflichen Umfeld gehören. Hier kommt es durchaus darauf an, zwischen vorgetäuschten Eigenschaften und echtem Charisma klar zu trennen. Doch im direkten zwischenmenschlichen Kontakt fällt es uns in der Regel nicht schwer, eine künstliche Ausstrahlung von einer echten zu unterscheiden. Zwar können wir nicht immer genau erklären, woran wir diese Unterscheidung festmachen, doch unsere Intuition führt uns dabei meistens in die richtige Richtung. – Und sollte es einmal zu einer direkten Begegnung mit George Clooney oder Penelope Cruz kommen, werden Sie auch sehen, ob das Charisma echt ist oder nicht.

 Und was bedeutet das für den Charismatiker selbst? Er bekommt dadurch doch Konkurrenz in Sachen Wirkung, Ausstrahlung und Überzeugungskraft ...

Für den Bereich Wirkung und Ausstrahlung stimmt das natürlich, aber Konkurrenz ist ja nicht unbedingt etwas Schlechtes. Bekanntermaßen belebt sie das Geschäft, und das hat ja auch sein Gutes. Schwieriger wird die Sache bei der Frage der Überzeugungskraft, denn die soll ja durch echte Argumente und echte Inhalte erzielt werden und nicht nur mithilfe einer guten Show. Hier besteht natürlich durchaus die Gefahr, dass es einem glamourösen Blender gelingt, die Menschen zu täuschen. Doch das heißt ja nicht automatisch, dass er den echten Charismatiker damit auch in jedem Falle übertrumpfen kann. Schließlich hat ein Charismatiker auch eine ganze Menge zu bieten und fährt im Gegensatz zum Blender eine nachhaltige Strategie, die auch langfristig Wirkung zeigt und gegen Angriffe gewappnet ist. Die Chancen stehen also letztlich recht gut, dass sich das Charisma auch hier durchsetzen kann. Und wie bereits gesagt, liegt es auch in der Verantwortung der Menschen selbst, sich nicht blindlings jeder beeindruckenden Persönlichkeit zu Füßen zu werfen, sondern den gesunden Menschenverstand einzuschalten und zu prüfen, was ihnen da präsentiert wird: Eine gute Inszenierung oder ein echter Mensch mit echten Überzeugungen?

Außerdem umfasst die Bedeutung von Charisma weit mehr als nur die positive Wirkung der eigenen Ausstrahlung: Im Gegensatz zum Glamour ist Charisma eben auch für den Charismatiker selbst von größter persönlicher Bedeutung, da es eine Eigenschaft seiner selbst ist, die sein Leben nachhaltig beeinflusst. – Diese wichtige Bedeutungsdimension fehlt dem Glamour.

3. Ihr persönlicher Weg zu mehr Charisma

Wie schon das zweite Kapitel eindeutig gezeigt hat, ist Charisma nicht einigen wenigen Glücklichen vorbehalten. Denn ein Mensch wird nun einmal dann als charismatisch wahrgenommen, wenn er es versteht, bestimmte Persönlichkeitsmerkmale durch eine gelungene Inszenierung bei anderen wirken zu lassen. Inszenierung heißt hierbei allerdings nicht, ein Schauspiel aufzuführen, das nichts mit der eigenen Persönlichkeit zu tun hat – vielmehr geht es darum, die eigenen Qualitäten zunächst zu erkennen, sie dann weiter auszubauen und schließlich gekonnt einzusetzen. Der charismatische Mensch ist damit in gewisser Weise ein geschickter Regisseur seiner eigenen Möglichkeiten. Und das bringt bekanntlich viele Vorteile mit sich. Doch wenn nun quasi jeder, der nicht gerade auf den Kopf gefallen ist, etwas für seine Ausstrahlung tun und mehr Charisma entwickeln kann, stellt sich eine Frage:

Warum sind charismatische Menschen überhaupt eine Ausnahmeerscheinung, wenn Charisma nun eben keine Gabe des Himmels, sondern zumindest bis zu einem gewissen Grad erlernbar ist?

Diese Frage lässt sich sehr anschaulich mit einem Beispiel beantworten: Viele Menschen haben ein Lieblingsland, von dem sie als Altersruhesitz träumen oder wohin sie wenigstens so oft wie möglich in den Urlaub fahren. Und oft hegen sie schon lange den Plan, endlich einmal die Sprache zu lernen. Doch: Sprechen Sie Italienisch? Oder Spanisch – oder eben die Sprache Ihres persönlichen Lieblingslandes? Viele werden hier den Kopf schütteln und vielleicht sagen: „Noch nicht, ich habe es mir aber vorgenommen – vielleicht nächstes Jahr ..." Ganz ähnlich verhält es sich mit dem Charisma: Zweifellos wären Sie in der Lage, eine neue Sprache zu lernen – die Sache aber tatsächlich anzugehen und auch durchzuführen, steht auf einem ganz anderen Blatt. Und schon bleibt es wieder beim Wunschdenken. Ob nun ein Anfang gemacht und mit allen Konsequenzen durchgehalten wird, hängt oft davon ab, wie wichtig uns eine Angelegenheit ist. Nicht selten hilft ein Anstoß von außen, man könnte auch sagen „leichter Zwang": Ist es beruflich unerlässlich, eine bestimmte Sprache zu lernen, dauert es meist nicht lange, bis der Kurs gebucht und die ersten Stunden erfolgreich absolviert sind. Wer nun die Erfahrung gemacht hat, durch seine persönliche Ausstrahlung leichter zum Erfolg oder auch „nur" mehr Freude am Leben zu haben, wird sich sicher gern intensiver mit dem Thema beschäftigen. Doch auch wer in wichtigen Situationen schon einmal ins Hintertreffen geraten ist und erkannt hat, dass Menschen mit mehr Charisma ständig besser abschneiden, dürfte darin einen Anstoß sehen, sich das erforderliche Wissen anzueignen. Doch letztlich bleiben die meisten Menschen dann doch wieder nur dabei, von „ihrem" Land zu träumen, statt den Traum aus eigener Kraft Realität werden zu lassen.

Also ist grundsätzlich jeder Mensch in der Lage, seine Ausstrahlungskraft deutlich zu steigern und mehr Charisma zu entwickeln. Nur wird diese Chance viel zu selten genutzt, weil oftmals einfach kein Anfang gemacht oder der Weg nicht bis zum Ziel begangen wird. Und häufig werden auch die Vorteile nicht erkannt, die ein Mehr an Charisma für jeden persönlich mit sich bringt. Gibt es noch weitere Gründe, die uns auf dem Weg zu mehr Charisma behindern?

Wer mehr Charisma entwickeln möchte, braucht eine klare Vorgehensweise und muss eben wissen, worauf es tatsächlich ankommt. Zu Beginn steht jedoch immer eine bewusste Entscheidung – nämlich dafür, die Verantwortung für das eigene Leben zu übernehmen. Das bedeutet zuallererst, nicht mehr „den anderen" oder „den Umständen" die Schuld für alles Unerfreuliche und eben auch für die eigene Situation in die Schuhe zu schieben. Solange „jemand" oder „etwas" schuld ist, wird damit jede Eigenverantwortung ausgeschlossen. Die Verantwortung wird von sich gewiesen und damit die Möglichkeit, aus eigener Kraft Veränderungen einzuleiten, nicht gesehen. Wer stets den anderen oder den „Umständen" die Schuld gibt, stiehlt sich selbst aus der Verantwortung und ist damit nicht in der Lage, eine Veränderung einzuleiten. Eine solche Grundhaltung ist nicht nur ein wahrer Charisma-Killer, sie verhindert darüber hinaus jede positive Entwicklung. Der einzige richtige Schritt aus dieser Misere ist es, voll und ganz die Verantwortung für das eigene Dasein zu übernehmen und „die Schuld" für Misserfolge nicht mehr bei anderen oder ungünstigen Umständen zu suchen. Wer diesen Schritt wagt, entwickelt sich schon dadurch vom faden Miesepeter zu einer eigenständigen Persönlichkeit und hält nunmehr selbst die Fäden in der Hand.

Die Grundlage für Charisma ist damit geschaffen. Nur, wie gesagt, das ist lediglich eine Vorbedingung. Bereits hier trennt sich die Spreu vom Weizen, denn vielen Menschen fällt es schwer, von einem Tag auf den anderen einen über Jahre antrainierten Mechanismus wieder abzulegen und tatsächlich autonom zu entscheiden und souverän zu handeln. Nur zu oft verfällt man hier völlig unbewusst wieder in alte Rituale, sich nämlich als Opfer der Umstände zu sehen, an denen man ja doch nichts ändern kann. Wer zum Beispiel glaubt, einfach permanent vom Pech verfolgt zu sein und deshalb bestenfalls immer nur die zweite Geige spielen zu können, wird entsprechende Situationen immer wieder antreffen. Hier verhält es sich wieder ganz ähnlich wie bei der sich selbst erfüllenden Prophezeiung: Es wird genau die Situation eintreffen, die wir zuerst vom Gefühl erzeugt und schließlich durch unsere Gedanken vorhergesehen haben. Am Ende beginnen die altbekannten Verhaltensmuster wieder von vorn. – Dieser Kreislauf kann nur von Menschen durchbrochen werden, die eine unbedingte Bereitschaft mitbringen, die Verantwortung für ihren Lebensweg selbst zu übernehmen. Damit ergeben sich dann sehr schnell zahlreiche neue Perspektiven. Und dann ist es auch nur noch halb so schwierig, der eigenen Persönlichkeit mehr Esprit zu verleihen.

Demnach legt man sich die Steine in erster Linie also selbst in den Weg. Woran liegt das, schließlich geht es doch um eine ausnahmslos positive Veränderung, ganz ohne negative Nebenwirkungen?

Genau das ist ja der Grund dafür, dass durch und durch charismatische Menschen nach wie vor eine Ausnahmeerscheinung sind. Gerade weil sich viele Menschen schon aus Gewohnheit – und damit unbewusst – etliche Steine in den Weg legen, bleiben die meisten auf halbem Wege stecken. Dahinter steckt die Angst vor Veränderungen. Die Redensart „Der Mensch ist ein Gewohnheitstier" dürfte wohl jedem bekannt sein. Sie wird immer dann verwendet, wenn man sich doch wieder lieber auf ausgetretene Pfade begibt, statt einmal ein ganz neues Terrain zu erkunden. Wer die Verantwortung für seine Lebensumstände selbst übernehmen will, leitet damit natürlich eine Veränderung ein.

Veränderungen bringen immer Neues und also Unbekanntes mit sich, und wir müssen lernen, damit umzugehen. Mit dem Vertrauten kennen wir uns dagegen aus – hier wissen wir, wie wir damit umgehen und die Kontrolle behalten können. Routine und Wiederholungen der immer gleichen Abläufe geben uns ein Gefühl von Sicherheit, während alles Neue zunächst bedrohlich wirkt. Schließlich können wir noch nicht einschätzen, was nun alles auf uns zukommt. Die daraus resultierende Angst ist nicht nur verständlich, sondern in der Natur des Menschen verankert. Und das spielt auch eine Rolle dabei, dass sich viele Menschen wie ein Spielball in einem Match fühlen, das sie selbst nicht beeinflussen können. Sie haben das Gefühl, nur noch auf das Geschehen rundherum zu reagieren, anstatt es selbst bestimmen zu können. So entsteht der Eindruck, dass Veränderungen ständig von außen und aus heiterem Himmel kommen, währenddessen man dem Geschehen machtlos ausgeliefert ist. – Diese Sichtweise ist natürlich sehr subjektiv, erklärt jedoch die Angst vor Veränderungen. Denn tatsächlich warten wir mit vielen notwendigen Entscheidungen oder Handlungen einfach so lange, bis etwas von außen auf uns zukommt. Sehr viele Menschen schreiten also erst zur Tat, wenn es absolut nicht mehr anders geht. Dadurch gehen natürlich wichtige Handlungsalternativen verloren. Und es bestätigt sich der Eindruck, dass wir selbst keine Wahl hatten. Hierbei wird vergessen, dass lange Zeit die Möglichkeit bestand, selbst aktiv zu werden und die Situation zu verändern. Denn letztlich kündigen sich fast alle Veränderungen durch Vorzeichen an. Die Frage ist nur, ob wir diese Vorzeichen auch wahrnehmen und entsprechend handeln wollen. Wer die Augen nicht verschließt, kann sein Leben sehr wohl selbst gestalten und Veränderungen selbst einleiten, bevor man nur noch auf Veränderungen von außen reagieren kann. Die eigenen Handlungsmöglichkeiten sind nur dann gering, wenn man die Anzeichen nicht sehen wollte. Dann geht es schnell nur noch darum, den Schaden zu begrenzen. Wer also alle Zeichen ignoriert und insgeheim hofft, dass alles beim Alten bleibt, den trifft die längst fällige Veränderung wie aus heiterem Himmel. Deshalb ist es wichtig, notwendige Veränderungen bewusst aktiv und zu einem Zeitpunkt einzuleiten, an dem man selbst noch alle Fäden in der Hand halten kann.

Sich auf anstehende Veränderungen einzulassen wird in der Tat oft als schmerzhafter Einschnitt empfunden. Aus der eigenen Sicht stehen die vermeintlichen Nachteile im Vordergrund, während die zahlreichen positiven Aspekte in den Hintergrund gedrängt werden. Die Folge ist eine verzerrte Wahrnehmung, die eine klare Sicht auf die tatsächlichen Vor- und Nachteile behindert. Tritt dieses Phänomen in ähnlicher Weise nicht auch beim Abgleich von Selbst- und Fremdbild auf?

Hier ist es fast noch eklatanter: In unterschiedlichsten Zusammenhängen wird mit sehr plausiblen Begründungen daran appelliert, das Bild, das man von sich selbst hat, mit dem Bild abzugleichen, das sich währenddessen anderen zeigt. Die Unterschiede sind zuweilen gewaltig. Die meisten Menschen sehen durchaus ein, dass ein Vergleich von Selbst- und Fremdbild äußerst aufschlussreich ist – dennoch wird dieser kurze Check nicht angegangen oder in einer Art und Weise vorgenommen, die die Grenze zum Selbstbetrug überschreitet. Bei diesem Abgleich geht es darum, sich darüber Klarheit zu verschaffen, wie man sich selbst sieht. Dazu gehören ehrliche Antworten auf die Fragen aus den Themenbereichen:

⋯⇾ eigene Persönlichkeit (bspw.: „Welches sind meine typischen Charaktereigenschaften?");
⋯⇾ Lebensplanung, Wünsche und Träume (bspw.: „Was soll sich in meinem Leben unbedingt noch ändern?");

···> Umgang mit anderen Menschen (bspw.: „Kann ich andere Meinungen akzeptieren?");

···> Privatbereich, Partnerschaft (bspw.: „Bin ich bereit, auf die Bedürfnisse meines Umfeldes einzugehen?");

···> Beruf (bspw.: „Was denke ich über die Qualität meiner Arbeit?").

Optimal ist es, sich je fünf Fragen zu den Themengebieten zu notieren und diese dann ehrlich zu beantworten. Schon hierbei nimmt das Selbstbild Konturen an.

Der nächste Schritt führt ein Stückchen weiter: Fragen Sie sich nun ernsthaft, wie Sie wohl in den Augen anderer – Arbeitskollegen, Freunde, Partner – wahrgenommen werden. Beachten Sie hierbei alle Anzeichen und Signale von außen, die darauf hindeuten, dass Ihr Selbstbild nicht dem Fremdbild entspricht. Wenn Sie sich bspw. für absolut zuverlässig und gut organisiert halten, im Beruf jedoch schon mehrfach Arbeiten auf den letzten Drücker erledigt haben, stimmt hier etwas nicht. Das Gleiche gilt, wenn Sie sich selbst zum Beispiel als einen recht offenen Gesellen betrachten, auf Partys jedoch kaum mit unbekannten Menschen ins Gespräch kommen. – Sie können Ihrer eigenen Persönlichkeit also schon recht genau auf die Spur kommen, wenn Sie auf jede Selbsttäuschung verzichten und die Sache stattdessen mit unverblümter Ehrlichkeit angehen. Wer hier nichts beschönigt oder unter den Teppich kehrt, kann schnell erkennen, wie es wirklich um ihn selbst steht. Das erfordert Entschlossenheit und nicht zuletzt auch Mut – schließlich ist es für die meisten Menschen schon zum Automatismus geworden, gerade um vermeintliche Schattenseiten einen möglichst großen Bogen zu machen. Wenn Sie diese Courage jedoch aufbringen, erhalten Sie ein recht klares Bild von sich selbst. Und es gibt ein zuverlässiges Mittel, wie Sie auch noch die letzten dunklen Flecken des Bildes ausleuchten können: Ziehen Sie eine Vertrauensperson zurate. Denn bis hierhin wissen Sie zwar (Ihre Ehrlichkeit vorausgesetzt), wie Sie sich selbst sehen, und haben eine Einschätzung vorgenommen, wie Sie aus der Perspektive anderer wirken. Klarheit erhalten Sie nun, wenn Sie zum Beispiel Ihren Partner oder einen guten Freund darum bitten, die Fragen, die Sie sich selbst gestellt haben, zusätzlich aus seiner Sicht zu beantworten.

An dieser Stelle dürfte es dann zwei Möglichkeiten geben: Entweder ist das Fremdbild im Großen und Ganzen deckungsgleich mit dem Selbstbild – oder es kommt zu einer größeren Überraschung. Wie gehe ich nun mit dem Ergebnis um? Und inwieweit betrifft es das Thema Charisma?

Hier völlige Deckungsgleichheit zu erhalten, ist sehr selten der Fall – doch darum geht es auch nicht. Das Ziel ist ein möglichst klares und insgesamt unverzerrtes Bild. Stimmen Selbst- und Fremdbild weitgehend überein, kann ich nur gratulieren:

Sie können sich selbst zutreffend einschätzen, kennen Ihre Stärken und Schwächen und sind obendrein in der Lage zu beurteilen, wie Ihre Persönlichkeit, Ihre Eigenarten und Charakterzüge auf andere wirken. Sie wissen dann auch, womit Sie gut ankommen und womit Sie weniger Eindruck schinden. Mit diesem Wissen können Sie gezielt Korrekturen vornehmen. Dazu ein Beispiel aus einer Konstellation, wie sie häufig vorkommt: In den meisten Punkten stimmen Ihre eigenen Einschätzungen und die von außen recht gut überein. Auch die Frage, ob Sie in der Lage sind, die Meinungen anderer zu akzeptieren, haben Sie mit einem lauten Ja beantwortet. Sie halten sich also für tolerant und glauben, mit Ansichten, die von den eigenen abweichen, konstruktiv umgehen zu können. Ein guter Freund gibt Ihnen nun jedoch unmissverständlich zu verstehen, dass Sie ein ganz schöner Dickschädel sind und er längst nicht der Einzige ist, der das so sieht. – Natürlich kommt diese für andere offensichtliche Sturheit Ihrer Ausstrahlung nicht gerade zugute. Doch Sie haben jede Chance, daran etwas zu ändern: Sie können sich darin üben, genauer zuzuhören, abweichende Meinungen stärker zu respektieren, verstärkt auf Ihre Wortwahl zu achten (und zum Beispiel Ihnen unsinnig erscheinende Ansichten nicht mehr einfach rigoros abzuschmettern), und insgesamt Ihr Kommunikationsverhalten auf den Prüfstand stellen.

An dieser Stelle noch einmal der wichtige Hinweis: Die gesamte Aktion, nämlich ein Abgleich von Selbst- und Fremdbild, hat von vornherein zum Ziel, Veränderungen zugunsten der Ausstrahlungskraft der eigenen Persönlichkeit vorzunehmen. Mit dem Abgleich allein ist es also nicht getan – vielmehr gilt es, aus den Ergebnissen auch die richtigen Konsequenzen zu ziehen. Wer dazu nicht bereit ist, kann sich gleich die Mühe sparen und alles beim Alten belassen – nur bleibt eine größere charismatische Ausstrahlung dann auch ein unerreichbares Ziel. Wieder haben Sie es selbst in der Hand, ob Sie Veränderungen einleiten wollen oder nicht.

Dann bleibt noch die große Frage: Was ist zu tun, wenn Selbst- und Fremdbild in nahezu allen Punkten stark voneinander abweichen?

Ganz unabhängig vom Thema Charisma gibt es einige Punkte, die recht eindeutig darauf hinweisen, dass das bestehende Selbstbild fehlerhaft ist. Das betrifft vor allem Menschen, die:

- sich häufig ungerecht behandelt fühlen,
- Situationen für unveränderbar halten,
- oft die Ursachen für das eigene Verhalten bei den anderen sehen,
- glauben, nicht genügend Anerkennung für ihre Leistung zu erhalten,
- Rückmeldungen aus ihrer Umwelt erleben, die ihnen nicht nachvollziehbar erscheinen.

Wenn Selbst- und Fremdbild letztlich vorn und hinten überhaupt nicht zusammenpassen, liegt natürlich eine komplette Fehleinschätzung zugrunde. Auch in solchen Fällen gibt es Möglichkeiten, um nach und nach wieder ein stimmigeres Bild zu konstruieren. Allerdings ist das Bild hier schon zersplittert – um es wieder zusammenzufügen, bedarf es fortgesetzter Anstrengungen und eines starken Willens. Wer im Laufe der Zeit aus welchen Gründen auch immer von der Spur abgekommen ist, kann so durchaus wieder festen Boden unter den Füßen gewinnen. In den meisten Fällen ist jedoch Unehrlichkeit bei der Selbsteinschätzung die Ursache für eine solche Diskrepanz.

Unser Thema ist jedoch Charisma. Und ganz ehrlich gesagt: Wer überhaupt nicht in der Lage ist, sich einigermaßen zutreffend selbst zu beurteilen oder mit seiner Einschätzung komplett danebenliegt, dürfte wohl kein geeigneter Kandidat für einen höheren Rang auf der Charisma-Skala sein. Außerdem wird dieses Problem in erster Linie Menschen betreffen, die ein Buch wie dieses erst gar nicht lesen und sich ohnehin nicht die Mühe machen, ihr Selbst- und Fremdbild zu überprüfen. Über ein möglichst klares Selbstbild zu verfügen zählt schließlich noch zu den Vorbedingungen für mehr Charisma. Fakt ist: Solange wir ein falsches, unvollständiges oder unklares Bild von uns selbst zeichnen, nehmen wir uns damit die Möglichkeit, unsere Lebensbedingungen entscheidend zu beeinflussen. Und genau darum geht es beim Thema Charisma: einen eigenen Lebensweg zu finden und zu beschreiten, der genau zur eigenen Persönlichkeit passt, und die eigene Persönlichkeit dabei mit all ihren Stärken und Schwächen möglichst optimal einzusetzen. Ein gesundes Selbstbild ist dafür elementar, denn schließlich braucht es auch eine gute Portion Selbstvertrauen – und an Selbstvertrauen mangelt es vor allem solchen Menschen, die ihre Persönlichkeit und ihr Selbst falsch einschätzen. Wer jedoch genau weiß, wo seine individuellen Stärken und Schwächen liegen, kann sein Verhalten derart beeinflussen, dass die Stärken noch effektiver eingesetzt und die Schwächen weniger zum Handicap werden.

Vor einem objektiven Blick auf das eigene Selbst scheuen sich übrigens deshalb so viele Menschen, weil sie befürchten, dabei vor allem noch mehr Schwächen zu entdecken. Natürlich treten hierbei zwar auch Schwächen zutage, doch die meisten Menschen sind oft sehr positiv überrascht, wenn sie entdecken, wie viele verborgene Stärken und Potenziale noch in ihnen schlummern. Das gilt insbesondere auch für die Sicht von außen: Man befürchtet, dass es nun ans Eingemachte geht, wundert sich jedoch später, wie viele positive Aspekte andere an einem sehen, die einem selbst überhaupt nicht bewusst waren. In den allermeisten Fällen geht man daher nur gestärkt und mit einem Schub für das eigene Selbstvertrauen aus einem Abgleich von Selbst- und Fremdbild hervor. Damit ist man dann bereit und auch in der Lage, die nächsten Schritte Richtung Charisma zu gehen.

Die Bereitschaft zu Veränderungen verbunden mit der Fähigkeit, sich selbst keine Steine in den Weg zu legen, und ein klares Selbstbild – wodurch auch eine Stärkung der Persönlichkeit erreicht wird – sind also wesentliche Grundlagen, wenn es darum geht, mehr Charisma auszustrahlen. Wie geht es nun konkret weiter?

Ein klares Selbstbild hilft nicht nur dabei, die eigene Ausstrahlung in der Gegenwart zu optimieren – erst das Wissen um die eigene Persönlichkeit macht es möglich, auch ein Bild von der eigenen Zukunft zu entwerfen. Das ist es auch, was dem Charismatiker seine Strahlkraft und Außergewöhnlichkeit verleiht: Ein solcher Mensch sitzt eben nicht passiv in der Ecke und wartet darauf, dass irgendetwas geschehen mag. Er schmiedet vielmehr Pläne und überlegt, wie er die Zukunft zu seinem eigenen Wohl und zum Vorteil anderer aktiv mitgestalten kann. Veränderungsbereitschaft bedeutet auf dieser nächsten Ebene daher auch, Sehnsüchte, Wünsche, Träume und auch kühne Visionen zuzulassen. Wer sich nicht bedingungslos mit jeder gegebenen Situation abfindet, sondern aktiv nach Verbesserungsmöglichkeiten und neuen Ufern sucht, gewinnt schon dadurch eine ganz enorme Ausstrahlungskraft, mit der er sich positiv von anderen abhebt.

Hierbei darf man auch ruhig einmal nach den Sternen greifen, kalkulierbare Risiken eingehen und etwas Neues wagen, also seine ganze Kreativität einsetzen. Nur wer sich alles ohne Abstriche und vorsorgliche Selbstbegrenzung vorzustellen vermag, kann seine Kreativität entfalten und wird so auch unkonventionelle Wege finden. Dies soll keineswegs als Aufruf missverstanden werden, sich Illusionen hinzugeben. Wenn Sie jedoch bereits im Vorfeld sozusagen prophylaktisch eine Vielzahl von Möglichkeiten ausschließen, werden sich viele – durchaus realisierbare – Wege erst gar nicht zeigen. Selbst in den kühnsten Visionen und ungeheuerlichsten Vorstellungen steckt meist zumindest ein Funke Realität. Daher ist es auch immer kontraproduktiv, der an sich grenzenlosen Vorstellungskraft einen Riegel vorzuschieben. Denn für den Moment geht es einzig darum, Ideen für die Zukunft und Alternativen zu den herkömmlichen Wegen zu finden, damit möglichst viele Varianten überhaupt in Betracht gezogen und nicht von vornherein ausgeschlossen werden. Zudem ist eine sich breitmachende Ziellosigkeit auf Dauer nun wirklich stupide und bringt ganz sicher auch noch den letzten Funken Charisma zum Erlöschen.

Die gesamte Geschichte zeigt uns, dass den besten und großartigsten Ideen und Zielen kühne Träume und Visionen vorangegangen sind. Ein Charismatiker lässt sich als ambitionierter Realist beschreiben, dem zunächst einmal nichts unmöglich erscheint. Wenn es dann um die Umsetzung in die Praxis geht, folgt natürlich im nächsten Schritt eine etwas sachlichere Einordnung. Träume sind realisierbar, nur Illusionen sind es nicht. Und ab einem gewissen Punkt zwischen Traum und Illusion zu unterscheiden dürfte den meisten Menschen kaum Schwierigkeiten bereiten. Aus solchen Träumen und Wünschen – und eben auch aus persönlichen Sehnsüchten – konkrete Ziele zu definieren ist der nächste Schritt. Am Ende steht immer eine Handlung, ein Schritt nach vorn, der Sie dem Bild Ihrer entworfenen Zukunft näherbringt.

Selbstbeschränkungen aller Art sind also ein Hindernis bei der Ideenfindung und grenzen die eigene Kreativität ein. Wer nun alles zu denken und zu träumen wagt, wird dagegen leicht Ziele finden, die sich auch in die Realität umsetzen lassen. Doch zeigt sich nicht selten, dass ein Ziel zu formulieren das eine, es jedoch auch zu erreichen etwas anderes ist. Gibt es Strategien, die dabei helfen, dass ein Ziel auch tatsächlich erreicht wird?

Zunächst einmal: Dass kontinuierliche Ziellosigkeit nicht gerade einen charismatischen Eindruck macht, dürfte klar sein. Das Gleiche gilt ebenso für Ziele, die womöglich noch an die große Glocke gehängt, dann jedoch auf halbem Wege wieder aufgegeben werden. Genau deshalb ist es nämlich so wichtig, dass ein einmal gesetztes Ziel tatsächlich auch erreicht wird. Im Bereich der Vorstellungskraft ist noch alles möglich, wenn der Traum oder ein Wunsch dann jedoch Gestalt annimmt, ist es unbedingt erforderlich, die Zielsetzung mit dem eigenen Leistungsvermögen in Einklang zu bringen. Schließlich kann eine Vorstellung, die im ersten Überschwang noch ganz wunderbar klingt, im Laufe der Zeit – wenn erste Hindernisse auftreten, hoher Energieaufwand und Durchhaltevermögen gefragt sind – von der Realität eingeholt werden. Die etwas plakative Formulierung „Ein Ziel ist ein Traum mit Deadline" gibt daher bereits die Richtung vor. Denn zu jedem Ziel gehört die Frage: „Was genau will ich wie bis wann erreichen?"

Ein Ziel beschreibt einen Zustand, der bis zu einem bestimmten Zeitpunkt erreicht werden soll – und das möglichst konkret. Wer ein Vorhaben mit einer verschwommenen, undeutlichen Vorstellung beginnt, läuft ernsthaft Gefahr, dieses Ziel zu verfehlen. Insbesondere dann, wenn auch ein zeitlicher Rahmen fehlt. Bevor mit der konkreten Zielformulierung begonnen wird, empfehle ich jedoch noch einen anderen Schritt: Genau zu überprüfen, ob das gesetzte Ziel selbstbestimmt und ohne Beeinflussung von außen zustande gekommen ist. Und das ist keineswegs selbstverständlich. Wenn sich beispielsweise ein Angestellter, der seit Jahren routiniert denselben, nicht sehr anspruchsvollen Job ausübt, sagt „Ich will eine verantwortungsvollere berufliche Position mit besserer Bezahlung", kann es sich hierbei – obwohl noch recht allgemein formuliert – natürlich um ein selbstbestimmtes Ziel handeln. Gleichzeitig ist jedoch auch möglich, dass diesem Angestellten seit Jahren seine Partnerin, Freunde und die Familie damit in den Ohren liegen, dass er doch mehr aus sich machen könnte, während er selbst mit der Situation völlig zufrieden ist. – Es ist also keine Frage, in welchem der beiden Fällen die Wahrscheinlichkeit ungleich höher ist, dass das „Ziel" auch erreicht wird. Denn nicht selten eignen wir uns vermeintliche Ziele von unseren Mitmenschen an, weil wir (oft unbewusst) glauben, diese Ziele müssten auch für uns von hoher Bedeutung sein. Hier beugt man sich dann eher der Erwartungshaltung von anderen, während die eigenen Bedürfnisse vernachlässigt werden. Ziele, die auf Druck von außen zustande gekommen sind, werden oft verfehlt, weil dahinter kein starkes eigenes Bedürfnis steht, das für Motivation sorgt.

Bei selbstbestimmten Zielsetzungen sieht die Erfolgsquote schon viel besser aus. Und diese Erfolgsquote lässt sich weiter steigern, wenn ein paar Tipps befolgt werden: Ziele beschreiben immer einen Zustand, der bis zu einem bestimmten Zeitpunkt erreicht werden soll. Deshalb ist es wichtig, die eigenen Ziele möglichst konkret zu formulieren. „Ich will mehr Geld verdienen" ist zwar ein nachvollziehbarer Wunsch, wird jedoch erst dann zum Ziel, wenn Sie ganz konkret beschreiben, wie Sie das anstellen wollen – wenn Sie für sich also formulieren, welche Schritte in welcher Reihenfolge dafür erforderlich sind. Wichtig ist auch, sich einen klar definierten zeitlichen Rahmen abzustecken. Wer sich beispielsweise nur sagt „Ich will fünf Kilo abnehmen!", äußert zwar einen frommen Wunsch, definiert jedoch wieder kein Ziel. Schon weil hier ein klarer Zeitpunkt fehlt, lässt sich weder feststellen, ob das Ziel verfehlt wurde oder ob die Zielsetzung überhaupt auch nur begonnen hat. Außerdem ist es gerade bei langfristigen Zielen unerlässlich, sie in kleinere Etappen aufzuteilen. So sichert man sich zwischendurch Erfolgserlebnisse, kann das Geplante mit dem jeweils Erreichten abgleichen – und unterwegs geht die Motivation nicht verloren.

Einerseits gibt es Ziele, die sozusagen für jedermann erreichbar sind, wenn die Sache nur entschlossen und mit realistischer Planung angegangen wird. Doch dann gibt es auch sehr ambitionierte Ziele, die auch bei guter Planung eine wahre Herausforderung darstellen. Ist es überhaupt sinnvoll, sich auch sehr hochgesteckte Ziele zu setzen?

Jedes Ziel ist zunächst einmal positiv. Und ein Mensch mit Zielen wirkt immer charismatischer als einer, der sich auf keinen Weg festlegen mag. Denn Ziele verleihen dem Leben Sinn, während es von völliger Ziellosigkeit bis zur Sinnlosigkeit nicht mehr weit ist. Und natürlich dürfen Ziele durchaus ambitioniert sein und eine Herausforderung darstellen, nur sollten sie nicht zur Überforderung führen. Eine gute Zielsetzung bleibt im Bereich des Realistischen, berücksichtigt die Tatsachen und eigenen Fähigkeiten. Unrealistische Ziele dagegen wachsen schnell zu Illusionen heran, die nie zu verwirklichen sind und langfristig Frustration und Unzufriedenheit nach sich ziehen. Gerade bei hochgesteckten Zielen ist es wichtig, dass Sie auf dem Weg zum Ziel Ihre persönlichen Stärken ausspielen können. Und in den meisten Fällen kann man selbst weitaus mehr erreichen, als man zunächst für möglich hält. Eine gewisse Beharrlichkeit im Verfolgen von Zielsetzungen, sich durch Befürchtungen nicht einfach von seinen Zielen abbringen zu lassen, ist geradezu typisch für charismatische Menschen. Zeigt sich so doch, dass für das Erreichen der Ziele Eigenverantwortung übernommen wird.

Nur bringt es nichts, über längere Zeiträume all seine Energien derart auf ein Ziel zu bündeln, dass ansonsten kaum noch Kräfte übrigbleiben. Die Grenzen der eigenen Belastbarkeit sind weniger rasch erreicht, als man denkt, und können kurzfristig auch überschritten werden – nur eben nicht dauerhaft. Wenn eine Zielstellung permanent zur Überforderung wird, geht mit dieser Überlastung jede positive Ausstrahlung verloren. An dieser Stelle kommt noch eine weitere Eigenschaft charismatischer Menschen ins Spiel, die oft vergessen wird: Charismatiker treten nicht unaufhörlich nur aufs Gaspedal, sie wissen auch sehr genau, wann der Zeitpunkt gekommen ist, wieder einen Gang zurückzuschalten und alles etwas ruhiger anzugehen. Denn wer unaufhörlich einem Ziel nach dem anderen hinterherjagt, vergisst die Notwendigkeit, sich zwischendrin auch eine Weile auf den eigenen Lorbeeren auszuruhen und neue Energie zu tanken. Ein Ziel hat schließlich nur dann einen Wert, wenn das Erreichen eine gewisse Befriedigung und eine Portion Glück mit sich bringt. Permanente Verausgabung nimmt nicht nur jede Freude, sondern zerstört zudem jegliches Charisma.

Viele Menschen erleben vor allem ihren Beruf als permanente Herausforderung und setzen oft ihre ganze Kraft ein, um hier allen Anforderungen gerecht zu werden. Zudem werden auch immer größere Ansprüche an das Privatleben gestellt. Wie kann ich hier für eine gewisse Ausgewogenheit sorgen?

Was Sie schon Ihrem Auto nicht zumuten möchten, sollte erst recht für Sie selbst gelten: Ständig auf Hochtouren zu laufen wird früher oder später zu einem Motorschaden führen. Oft ist es sogar genau dieses Wissen – und das entsprechende Handeln –, das uns manche Menschen so charismatisch erscheinen lässt. Sie haben nämlich die Fähigkeit, auch einmal abzuschalten und die Seele baumeln zu lassen. Erreichen lässt sich das allein dadurch, dass wir in der Dynamik des Alltags – ob beruflich oder privat – ganz einfach immer wieder daran denken, auch den sehr persönlichen Bedürfnissen gerecht zu werden. Das beginnt damit, die eine oder andere Lücke im Terminkalender stehen zu lassen und regelmäßig sozusagen Termine mit sich selbst zu vereinbaren. Wer nie oder zu selten nachtankt, wird seine Energiereserven irgendwann aufgezehrt haben. Und sind die Tanks erst einmal leer, braucht es meist weitaus mehr Zeit, um zum alten Level zurückzufinden, als mit kleinen Zwischenstopps und Verschnaufpausen. So ist jeder Mensch für die Regeneration seiner Energiereserven selbst verantwortlich.

Ein dauerhaft belastbarer Energiehaushalt basiert auf einem regelmäßigen Wechselspiel von Beanspruchung und Regeneration. Denn nur wer sich auch Pausen gönnt, kann auch Phasen von höchster Anspannung und Stress gut verkraften. Wichtig ist hier, die Phasen der Beanspruchung und der Erholung eindeutig voneinander zu trennen: Ziehen Sie klare Grenzen zwischen Ihrem Berufs- und Privatleben, denn genau diese Grenzen verwischen heute immer stärker. Das Resultat ist Stress, Unzufriedenheit und Energiemangel. Und charismatische Menschen wirken gerade deshalb so dynamisch, weil sie ihre Grenzen kennen und respektieren und sie daher nicht dauerhaft überschreiten. Das verleiht ihnen Souveränität und eben Charisma – solche Menschen sind auch dann ein Ruhepol, wenn es drunter und drüber geht, und bewahren auch in angespannten Situationen einen kühlen Kopf.

Oft ist es auch ein übertriebener Perfektionismus, der selbst vor Nichtigkeiten nicht Halt macht und den Menschen ihre Kräfte raubt. Hier hilft es, sich ganz bewusst auf das Wesentliche zu konzentrieren, statt auf Nebenschauplätzen viel Energie zu verbrauchen. Letztlich ist auch ein gesunder Energiehaushalt wieder eine Frage der Eigenverantwortung, einer zutreffenden Selbsteinschätzung und des Vertrauens in die eigenen Fähigkeiten. Wer hingegen auf dem letzten Loch pfeift und einen ausgebrannten Eindruck macht, wird auch bei anderen nicht unbedingt viel Vertrauen erwecken.

Zusammengefasst lässt sich also sagen, dass grundsätzlich jeder Mensch Charisma entwickeln kann. Eine Absichtserklärung allein reicht hier allerdings nicht aus, vielmehr braucht es einen entschlossenen Willen, Durchhaltevermögen – und das Wissen um die Punkte, an denen man als Erstes ansetzen kann, um seine Ausstrahlungskraft zu verbessern. Gleichzeitig ist es wichtig, Charisma-Killer wie eine falsche Selbsteinschätzung oder auch permanente Überforderung zu umgehen. Wenn ich nun den hier eingeschlagenen Weg gehe, bin ich dann charismatisch?

Zumindest rückt Charisma dann in greifbare Nähe, doch es fehlt noch ein ganz wesentlicher Punkt: Alle hier besprochenen Aspekte betreffen die eigene Persönlichkeit. Wie nah jeder Einzelne dem Ziel Charisma bereits gekommen ist, lässt sich sehr zuverlässig überprüfen. Denn alles, was unsere Persönlichkeit ausmacht, offenbart sich in der Art unserer Kommunikation. Der persönliche Kommunikationsstil zeigt sehr genau an, ob Sie tatsächlich Charisma ausstrahlen. Der Bereich Kommunikation ist dabei weiter gesteckt, als die meisten Menschen glauben. Das Gute ist allerdings: Schon durch das Wissen um die Wirkung und die Macht der Kommunikation lässt sich in Verbindung mit einer erhöhten Aufmerksamkeit auf das eigene Kommunikationsverhalten sehr viel erreichen.

4. Der Schlüssel zur charismatischen Ausstrahlung

Schon in der Antike galt vor allem derjenige als charismatisch, der es verstand, durch seine Reden andere zu begeistern, Sehnsüchte in ihnen zu wecken und mit seinen Zielen anzustecken. Der charismatische Redner verkörperte das Charisma wie kein anderer. Und das gilt bis heute: Die persönliche Ausstrahlung steht nach wie vor in enger Verbindung mit der Fähigkeit, sich zu artikulieren und anderen mitzuteilen. Gleichzeitig umfasst die Kommunikation weitaus mehr, als gute Reden schwingen zu können. Für die eigene Ausstrahlung ist hier von besonderer Bedeutung, inwieweit wir in der Lage sind, uns aufgrund von sprachlichen und nicht sprachlichen Signalen in andere Menschen einzufühlen, sie auf ganzer Bandbreite zu verstehen und im Dialog selbst die richtigen Botschaften zu kommunizieren. Und ebenfalls schon in der Antike wurde erkannt, wie bedeutend es für eine erfolgreiche Kommunikation ist, dass sich die Gesprächspartner – wie wir es heute ausdrücken würden – auf einer gemeinsamen Wellenlänge befinden. Schon in dem ältesten uns überlieferten Rhetoriklehrbuch, die „Rhetorik an Alexander" aus dem Jahre 340 v. Chr., wird darauf hingewiesen, dass eine Rede die Zuhörer vor allem dann in den Bann zieht, wenn es uns gelingt, das Wohlwollen und die Sympathie der Zuhörer zu wecken. Aristoteles ging in seiner Rhetoriklehre noch einen Schritt weiter, indem er die Emotionen, die durch Worte geweckt werden, genauer untersuchte. Der große Philosoph beschreibt die Rhetorik insbesondere als die Kunst, Aussagen als plausibel zu erweisen – und das wird nur dann gelingen, wenn der Sprechende absolut glaubwürdig ist.

Nun werden wir uns heute kaum noch auf eine Empore schwingen und bedeutende Reden an die Massen halten – die rhetorischen Regeln der Antike haben jedoch absolut nichts an Aktualität verloren. Denn heute entscheidet oftmals das gesamte Kommunikationsvermögen eines Menschen über seinen beruflichen Erfolg. Gleichzeitig zeigt sich, dass mangelnde Individualität und fehlende Charakterstärke nicht nur die persönliche Ausstrahlung schwächen, sondern auch zu einer verkümmerten sprachlichen Originalität und allgemein zu Mankos bei der Kommunikation führen und so das ganze Leben beeinträchtigen.

An den berühmten Satz „Man kann nicht nicht kommunizieren" von Paul Watzlawick, dem Begründer einer der wichtigsten Theorien über menschliche Kommunikation, kann sich fast jeder noch aus seiner Schulzeit erinnern. Was genau ist damit gemeint? Und welche Bedeutung hat diese These für das Thema Charisma?

Das sogenannte metakommunikative Axiom von Watzlawick besagt, dass wir unaufhörlich kommunizieren – und zwar längst nicht nur mit Worten. Bestandteile der Kommunikation sind ebenfalls der Tonfall, die Geschwindigkeit des Sprechens, auch ein Schweigen oder Lachen und Seufzen. Auch mit der Körperhaltung, mit Bewegungen, der Gestik und Mimik, mit Blicken und selbst mit der Kleidung senden wir Signale an unser Gegenüber, die dieser dann interpretiert. Unser gesamtes Verhalten ist also Kommunikation. Und es ist einfach nicht möglich, sich *nicht* zu verhalten – gleichzeitig ist es nicht möglich, das Verhalten eines anderen *nicht* wahrzunehmen und *nicht* zu interpretieren. Wo zwei Menschen zusammenkommen, sind beide jederzeit sowohl Sender als auch Empfänger von Signalen. Deshalb entscheidet auch die Kommunikation über unsere Ausstrahlung. Das Problem ist: Wenn auf so vielfältige Weise unaufhörlich Signale gesendet und empfangen werden, kann es bei der Übertragung der Signale leicht zu Störungen kommen. Solche Störungen können sehr profan sein, wie beispielsweise ein genuscheltes Wort, das vom anderen nicht verstanden wird. Sie sind meist jedoch weitaus komplexer: Ihr Gesprächspartner kann Sie beispielsweise verbal sehr gut verstehen, bekommt dennoch alles in den falschen Hals, weil er Ihren Blick als feindselig interpretiert – oder er glaubt, dass Sie nicht bei der Sache sind, weil Sie gelangweilt an Ihrer Krawatte herumzupfen und immer wieder zum Fenster hinausschauen. Entsteht dann eine insgesamt gereizte Stimmung, ist es manchmal, als würden die Gesprächspartner zwei unterschiedliche Sprachen sprechen. Die Folge sind dann oft Fehlinterpretationen auf der einen und/oder anderen Seite. Schließlich geht die gemeinsame Wellenlänge verloren und selbst gut gemeinte Signale kommen nicht mehr wie gewünscht beim Empfänger an. Die Folge sind Kommunikationsstörungen, die sich leicht zu ernsthaften Konflikten ausweiten können. Eine gute Kommunikation erfordert daher stets viel Aufmerksamkeit – sowohl was das Senden als auch das Empfangen von Signalen angeht.

Charismatische Menschen bringen diese Aufmerksamkeit mit und können ihr Verhalten gezielt einsetzen und die Signale der Gesprächspartner entschlüsseln. Da wir nun unaufhörlich kommunizieren, ist diese Fähigkeit von allergrößter Bedeutung, entscheidet sie doch maßgeblich darüber, wie wir von unserer Umwelt wahrgenommen werden. Denn unsere gesamte Umwelt wird sich allein aufgrund unseres Verhaltens ein Bild von uns machen. Damit entscheidet das persönliche Kommunikationsverhalten darüber, wie wir von anderen wahrgenommen werden.

Wenn wir durch unseren Kommunikationsstil die Wahrnehmung der eigenen Persönlichkeit beeinflussen können, heißt das: Wer seine Kommunikation geschickt einsetzt, kann seine Umwelt dadurch geschickt manipulieren und sich so Vorteile sichern. Dafür bieten sich ja auch gleich mehrere rhetorische Tricks an. Ist es also vorteilhaft, derartige rhetorische Finessen einzusetzen?

Ganz im Gegenteil: Oft wird die Rhetorik zwar in dem Sinne missverstanden, dass die eigenen Ziele mit gewissen Kunstgriffen schneller durchgeboxt werden können. Und es stimmt auch – mit den Mitteln der Rhetorik lassen sich andere Menschen derart manipulieren, dass sie letztlich das machen oder denken, was man selbst will. Doch hat das seinen Preis: Eine derartige Rabulistik wird die gewünschte Wirkung in der Regel nur einmal oder allenfalls einige wenige Male bei derselben Person erzielen. Meist spürt der Manipulierte sehr bald, dass er manipuliert wurde. Er ärgert sich dann über sich selbst und über den Gesprächspartner. Und damit wird die Beziehung der beiden stark belastet. Wer andere rhetorisch manipuliert, riskiert spätestens dann einen enormen Glaubwürdigkeitsverlust, wenn er entlarvt wird. Rhetorische „Tricks", die dazu dienen, andere zu manipulieren, führen somit meist nur zu Einmalerfolgen – und der Manipulierende setzt damit seine Glaubwürdigkeit aufs Spiel. Auch das war schon in der Antike bekannt: Das oberste Ziel des Redners war es daher auch, unbedingt seine Glaubwürdigkeit zu bewahren – denn ein unglaubwürdiger Redner kann erzählen, was immer er will, wenn ihm seine Zuhörer keinen Glauben schenken, wird er mit seinen Worten nichts mehr erreichen. Schon Aristoteles rief daher dazu auf, im Gespräch „bei jeder Sache das möglicherweise Überzeugende zu betrachten".

Wer sich auch nur eine halbwegs positive Ausstrahlung erhalten will, wird seine Gesprächspartner nicht verführen, sondern überzeugen. Wem es gelingt, einen Gesprächspartner durch und durch zu überzeugen, wird damit auch einen nachhaltigen Erfolg verbuchen können. Hat man im Gespräch den Eindruck „Der spricht mir aus der Seele und berücksichtigt auch noch meine persönlichen Interessen" und ist obendrein noch von der Argumentation überzeugt, wird man erst gar nicht den Konfrontationskurs wählen. Wer sich von einer Sache hat überzeugen lassen, wird sich mit weitaus stärkerer Motivation daran machen, das Besprochene in die Tat umzusetzen, als ein anderer, der manipuliert wurde. Wer durch Druck, Angst oder ganz einfach mit Unwahrheiten zu einer bestimmten Handlung veranlasst wurde, hat nur eine sehr begrenzte Motivation und wird auch das bisschen Motivation im Laufe der Zeit noch verlieren. Ist ein Mensch jedoch tatsächlich überzeugt, wird er seinem Gesprächspartner Respekt entgegenbringen, ihn für seine Weitsicht achten und für das aufschlussreiche Gespräch danken. Das bringt nicht nur Sympathiepunkte, sondern ist ein großer Schritt in Richtung Charisma.

Die persönliche Glaubwürdigkeit in Verbindung mit guten Argumenten zählt damit zu den wesentlichen Punkten der Rhetorik. Wann ist ein Argument plausibel, also überzeugend?

An dieser Stelle offenbart sich der persönliche Kommunikationsstil. Ein hohes Niveau in der Kommunikation zu erreichen bedeutet nämlich, nicht nur an die eigene Perspektive zu denken, sondern die Welt auch mit den Augen des Gesprächspartners zu betrachten. Gerade deshalb unterhält man sich so gern mit charismatischen Menschen: Denn sie sind in der Lage, sich in die Situation ihrer Gesprächspartner einzufühlen – sie verstehen, wo die Interessen, Probleme, Wünsche und Erwartungen des anderen liegen, und können auch aktuelle Stimmungen interpretieren. Das versetzt sie in die Lage, die Vor- und auch Nachteile einer Zielsetzung für den anderen zutreffend darzustellen. Und diese Fähigkeit ist auch die Grundlage für eine überzeugende Argumentation. Denn gute Argumente, die einen Gesprächspartner überzeugen, berücksichtigen immer die Lebenswirklichkeit des anderen. Bei einer solchen sogenannten partnerorientierten Argumentation kommt es darauf an, dem Gegenüber *seine* Vorteile und *seinen* Nutzen im Sinne *seiner* Interessen zu verdeutlichen. Es ist also durchaus möglich, dass man selbst ein Argument für großartig hält, während es dem Gesprächspartner dann tatsächlich nur ein müdes Schulterzucken entlockt. Und dann wird von diesem Argument auch keine Überzeugungskraft ausgehen. Ganz anders ein Argument, das auch aus der Sicht des Gegenübers plausibel klingt. Werden bei der Argumentation vor allem die Interessen des anderen berücksichtigt, lässt sich der Gesprächspartner auch gern überzeugen. – Die eigene Glaubwürdigkeit spielt hierbei natürlich eine entscheidende Rolle, denn nichts schmälert die Überzeugungskraft mehr als Unglaubwürdigkeit. Wer andere manipulieren will, Sachverhalte beschönigt oder falsch darstellt, setzt damit immer auch die eigene Glaubwürdigkeit aufs Spiel.

 Warum glauben wir einigen Menschen mehr als anderen?
Auf welcher Grundlage entscheiden wir, wem wir glauben können?

Bei Gesprächspartnern, die wir kennen, helfen uns vorangegangene Erfahrungen. Wir messen ihre Aussagen daran, ob sie uns schon einmal – oder vielleicht sogar mehrmals – belogen oder uns stets die Wahrheit gesagt haben. Und auch in Gesprächen mit uns bislang unbekannten Menschen lassen wir uns ebenfalls von unserer Erfahrung leiten. Wir verlassen uns auf unser Gespür. Dabei machen wir uns in der Regel nicht bewusst, dass dieses Gespür tatsächlich sogar auf mehr oder weniger brauchbaren Prüfkriterien basiert, die wir von Kindheit an entwickelt haben und die wir anwenden, ohne im Einzelfall jeweils konkret darüber nachzudenken. Bewusst oder unbewusst suchen wir nach Signalen oder Hinweisen, die uns Aufschluss über die Glaubwürdigkeit unseres Gegenübers geben. Ob uns nun jemand Märchen erzählt, erkennen die meisten Menschen intuitiv vor allem auch an den nonverbalen Signalen. Ohne dass es uns bewusst ist, wird jeder Mensch im Gespräch sozusagen einer Glaubwürdigkeitsprüfung unterzogen, wobei wir auch auf kleinste Indizien achten: von der Häufigkeit des Lidschlags, Intensität des Blickkontakts bis hin zur gesamten Mimik, Gestik und allen Körperbewegungen. Und auch Aspekte wie Antwortlänge, Sprechgeschwindigkeit, Verzögerungen, Sprechstörungen und die Stimmlage werden hierbei einer Prüfung unterzogen. Kurz: Die gesamte Person und auch ihr Verhalten in der Vergangenheit entscheiden über ihre Glaubwürdigkeit. Glaubwürdigkeit entsteht aufseiten unseres Gesprächspartners, ist also subjektiv und von der Wahrnehmung unseres Gegenübers abhängig. Schon deshalb bringt es viele Vorteile, den persönlichen Kommunikationsstil auf den Gesprächspartner auszurichten. Denn natürlich wird jeder solche Menschen bevorzugen, die sich bereits als glaubwürdig erwiesen und so Vertrauen gewonnen haben. Jeder Vertrauensverlust lässt sich nur sehr schwer – und wenn überhaupt, dann nur über längere Zeiträume – wieder beheben. Wer sein Vertrauen verspielt, wird natürlich Misstrauen ernten – ein weiterer Grund, dem eigenen Kommunikationsstil große Aufmerksamkeit zu schenken. Erfolgreich zu kommunizieren bedeutet weniger, rhetorische „Tricks" zu lernen, sondern zielt vor allem darauf ab, sich in andere Menschen zutreffend einzufühlen und von ihnen als glaubwürdig und vertrauensvoll wahrgenommen zu werden. In dieser Weise zu kommunizieren weckt Interesse, erzeugt Aufmerksamkeit und macht charismatisch.

Das Geheimnis einer glaubwürdigen und dadurch dauerhaft erfolgreichen Kommunikation ist also, sich selbst im Gespräch in die Perspektive des anderen zu versetzen. Besteht hierbei nicht die Gefahr, dem anderen nach dem Mund zu reden?

Genau das ist ein häufiges Missverständnis: Manche Menschen glauben, dass Sie dadurch Pluspunkte sammeln könnten, indem sie ihren Gesprächspartnern unaufhörlich Honig um den Bart schmieren und sie mit Lob überschütten. Das stimmt nicht! Denn Menschen, die keine eigene Meinung haben, sind sicher nicht charismatisch. Im Gegenteil: Charismatische Menschen haben meist eine sehr feste Überzeugung, für die sie auch eintreten. Sie meinen, was sie sagen, und stehen auch dazu. Deshalb scheuen sie auch keine Kontroversen, in denen sie ihre Meinung, wenn es sein muss, auch energisch verteidigen. Wahre Größe zeigt sich jedoch dann, wenn auch bei eklatanten Meinungsverschiedenheiten keine persönlichen Angriffe gefahren werden. Es macht eben doch einen Unterschied, ob man gesagt bekommt „Das verstehst du nicht, hier liegst du falsch" oder eben „Ich bin hier anderer Meinung". Gerade wenn es etwas turbulenter zugeht, heißt erfolgreich kommunizieren eben auch, die persönliche Ebene von der sachlichen zu unterscheiden. Persönliche Angriffe führen ohnehin nur zu verhärteten Fronten, während Differenzen auf der Sachebene eben nicht zu Zerwürfnissen führen. Und noch ein anderer Punkt ist hier sehr wichtig, der bei allen charismatischen Rednern sehr deutlich zum Vorschein kommt: Einerseits können sie auch Meinungen akzeptieren, die von den eigenen abweichen, und beinahe noch wichtiger – sie sind nicht auf alle Ewigkeit auf eine inzwischen vielleicht nicht mehr haltbare Meinung festgelegt. Sind sie einem Trugschluss aufgesessen, was jedem passieren kann, oder wenn ganz einfach neue Erkenntnisse hinzugekommen sind, fahren sie nicht stur und eingleisig den einmal eingeschlagenen Weg, bis sie sich völlig festgefahren haben. Vielmehr sind sie zu Korrekturen und eben auch dazu bereit, sich von anderen Ansichten überzeugen zu lassen. Das alles ist sehr weit davon entfernt, anderen nach dem Mund zu reden.

Das heißt, wer sich anderen Menschen anbiedert, setzt seine Glaubwürdigkeit aufs Spiel?

Absolut! Und dieser Punkt wird oft vergessen, weshalb manche Menschen glauben, Pluspunkte einheimsen zu können, indem sie die Meinung eines anderen einfach adaptieren. Meistens wird jedoch sehr schnell durchschaut, ob es sich hier um ein aufgesetztes Verhalten oder um eine wahre Meinung handelt. So lässt sich beispielsweise in vielen Unternehmen beobachten, dass Mitarbeiter verstärkt für ihre Leistungen gelobt werden mit dem Hintergedanken, dadurch ihre Motivation zu stärken. Natürlich fördert es die Motivation, wenn für eine besondere Leistung Anerkennung ausgesprochen wird. Doch zuweilen wird hier des Guten auch zu viel getan oder es wird einfach falsch gelobt. Gerade ein Lob kann die gewünschte Wirkung nur entfalten, wenn es authentisch ist und von Herzen kommt. Jede aufgesetzte Freude und gekünstelte Begeisterung sind Schüsse, die nach hinten losgehen: Die Mitarbeiter fühlen sich verschaukelt und für dumm verkauft, insbesondere wenn das Lob ständig in denselben austauschbaren Floskeln daherkommt. Bestenfalls werden die so mit Lob überschütteten Mitarbeiter das Ganze als kleinen Spleen ihres Chefs abtun, häufiger jedoch werden derartige Versuche, sich einzuschmeicheln, wie eine glatte Lüge wahrgenommen – und in Wahrheit ist die Grenze hier auch fließend. Ob nun beruflich oder privat: Was mit der Intention begann, Sympathien zu ergattern, hat nur zu oft genau das Gegenteil zur Folge. Wer hingegen seine authentische Meinung äußert, andere Ansichten ernst nimmt und respektiert, um dann im Rahmen einer partnerorientierten Kommunikation durchaus auch nachdrücklich die eigenen Interessen zu vertreten, zeigt Profil und Charakterstärke. Und das kommt einem charismatischen Menschen schon viel näher.

Gerade wo die menschliche Kommunikation so facettenreich ist, kommt es in Gesprächen darauf an, neben den richtigen Worten auch den richtigen Ton zu treffen. In Extremfällen kann schließlich schon ein Grinsen zum falschen Zeitpunkt oder eine unangebrachte Geste eine unerfreuliche Kettenreaktion auslösen. Gibt es Methoden, die einem dabei helfen, vor allem auch brenzlige Situationen zu durchschauen, um das eigene Verhalten darauf abzustimmen? Denn charismatischen Menschen scheint es doch stets zu gelingen, eben nicht ins Fettnäpfchen zu treten – was ja längst nicht jeder von sich behaupten kann.

Es gibt sogar etwas viel Besseres als eine Methode – nämliche eine Fähigkeit, über die alle Menschen verfügen: emotionale Intelligenz. Die Frage ist nur, wie ausgeprägt diese Fähigkeit bei jedem einzelnen Menschen ist. Emotionale Intelligenz bezeichnet die Fähigkeit, sich in andere Menschen und Gefühlswelten einzufühlen, Emotionen wahrzunehmen und auch zu verstehen, sie sogar zu nutzen, um das Denken und Handeln zu verbessern. – Wir sprachen gerade über die oftmals etwas plumpen Motivationsversuche in einigen Unternehmen. Diese Bemühungen sind gerade deshalb oft so erfolglos oder sogar kontraproduktiv, weil hier allgemeine Floskeln verwendet werden. Die ganz individuelle Gefühlswelt des Einzelnen wird also zu wenig berücksichtigt. Wenn ich nun bei einem anderen Menschen etwas in Bewegung setzen möchte, kann das nur gelingen, wenn ich auch tatsächlich verstehe und auch verstehen will, was diesen speziellen Menschen innerlich bewegt. Emotionale Intelligenz, die übrigens unabhängig von der rationalen Intelligenz zu verstehen ist, gibt uns hier die Möglichkeit, unser Handeln auf die Gefühlswelten eines anderen Menschen auszurichten. Und genau das ist sowohl für den beruflichen als auch den privaten Erfolg von ungeheurer Bedeutung. Denn fast alles, was wir im Leben erreichen wollen, hängt eben auch von anderen Menschen ab. Wer eine bessere berufliche Position anstrebt, muss seinen Chef von der eigenen Persönlichkeit und den eigenen Qualifikationen überzeugen, und auch wer einen Lebenspartner sucht, muss um ihn oder sie werben. Ständig geht es darum, dass uns andere Menschen ihr Vertrauen schenken und für uns eintreten. Kurz: Wir müssen andere voll und ganz überzeugen, um das eigene Ziel zu erreichen. Das kann nur gelingen, wenn wir Berührungspunkte zu unserem Gegenüber entwickeln und so eine gemeinsame Basis finden. Ohne Einfühlungsvermögen ist genau das unmöglich. Doch glücklicherweise verfügen wir alle über emotionale Intelligenz, die es uns erlaubt, Gefühle zu interpretieren und das eigene Handeln daran auszurichten. Allerdings wird diese Fähigkeit oft zu wenig genutzt und zu selten gezielt eingesetzt, sodass wir erst wieder lernen müssen, unsere emotionale Intelligenz auch anzuwenden.

Da stellt sich dann die Frage: Wie kann ich die Fähigkeit, mehr auf die eigenen Gefühle und auf die der anderen zu achten, überhaupt trainieren? Schließlich haben viele Menschen – vielleicht sogar im Glauben, dass es ihnen Vorteile verschafft – gelernt, ihre Gefühle eben nicht zu zeigen und lieber einen großen Bogen um Gefühlswelten zu machen.

Zunächst: Bei der emotionalen Intelligenz geht es ja nicht darum, ständig jede emotionale Unpässlichkeit oder dergleichen an die große Glocke zu hängen. Ziel ist es vielmehr, die Emotionen anderer Menschen zu erkennen und angemessen darauf zu reagieren, sich also in andere Menschen hineinzuversetzen und sich gleichzeitig über die eigenen Gefühle klar zu werden. Ein Mensch, der seit Jahren im gleichen Trott lebt und seine Gefühle ständig verdrängt, kann beispielsweise gar nicht in der Lage sein, sich neue Ziele zu setzen und Veränderungen einzuleiten – denn er ist sich nicht im Klaren darüber, was ihn innerlich bewegt. Und wer die Gefühlswelt seiner Umgebung beharrlich ausklammert, hat keine Möglichkeit, angemessen auf bestimmte Situationen zu reagieren.

Wie gesagt, die Begriffe „Verhalten" und „Kommunikation" beschreiben letztlich genau das Gleiche: Nämlich die Gesamtheit der Interaktion mit der Umwelt. Ein Mangel an Einfühlungsvermögen ist der wohl häufigste Auslöser dafür, dass Konflikte entstehen und Auseinandersetzungen sich zuspitzen. In solchen Fällen wollen beide Seiten gehört und verstanden werden, beide sind ganz auf „Senden" geschaltet. Das „Empfangen" ist dann zumindest stark eingeschränkt oder findet gar nicht mehr statt. Als Folge werden die beiden Streithähne einander nicht mehr verstehen, weil sie mit aller Kraft zwar eigene Signale senden, die Signale aber wie bei einer Funkstörung nur noch verzerrt beim Gegenüber ankommen. Spätestens in solchen Streitsituationen zeigt sich, dass unser Handeln längst nicht nur rational, sondern in hohem Maße auch emotional gesteuert ist. Wer beispielsweise morgens, wie man so sagt, mit dem falschen Bein aufgestanden ist und den ganzen Tag eine schlechte Stimmung verbreitet, weiß rückblickend ja ganz genau, dass seine Gereiztheit viele Entscheidungen des Tages beeinflusst hat. Und auch wer sich in einer besonderen Hochstimmung befindet, dem wird es sicher viel leichter fallen, nicht gleich bei jeder Kleinigkeit aus der Haut zu fahren. – In beiden Fällen sind es die Emotionen, die uns lenken.

Nichts liegt also näher, als die Fähigkeit zum emotional intelligenten Handeln gezielt einzusetzen. Schon dadurch, dass wir uns unsere aktuellen Gefühle ins Bewusstsein rufen, ist sehr viel erreicht. Denn die Gefühle sind ein Schlüssel zu unseren Handlungen und zu unserem Verhalten – der Kommunikation. Der nächste Schritt ist, die Gefühle unserer Gesprächspartner zu erkennen. Auch das ist an sich nicht schwierig, denn jeder ist zumindest theoretisch dazu in der Lage, sich in einen anderen einzufühlen. Die Frage ist nur, ob wir diese Fähigkeit auch anwenden wollen. Nehmen Sie sich einfach vor, jeden Gesprächspartner ernst zu nehmen – dann beachten Sie auch seine Gefühlswelt. Hören Sie Ihrem Gesprächspartner genau zu, denn nur, wenn möglichst alle von ihm gesendeten Signale von Ihnen verstanden werden, können Sie auch angemessen darauf reagieren.

Die Sache mit dem Zuhören klingt sehr einfach. Doch zeigt sich nicht in der Praxis immer wieder, dass viele Menschen mitten im Gespräch nur mit einem Ohr hinhören oder gedanklich schon wieder ganz woanders sind – besonders wenn sie in Eile sind?

Genau das ist das Problem. Allerdings ist es eine Illusion zu glauben, Zeit sparen zu können, indem wichtige Gespräche zwischen Tür und Angel geführt werden. So sind inzwischen beispielsweise auch die meisten Unternehmen dahintergekommen, dass es schlichtweg unökonomisch ist, sich zu wenig Zeit für Gespräche zu nehmen. Zeigt sich doch immer wieder, dass es meist ein Vielfaches an Zeit und – wenn sich aufgrund von Missverständnissen Fehler einschleichen – oft auch Geld kostet, wenn wichtige Informationen nicht komplett verstanden werden. Bei allen Gesprächen kommt es als Allererstes darauf an, den anderen zu verstehen und selbst verstanden zu werden – inklusive den Emotionen. Die gesamte Information kann man jedoch nur erfassen, wenn man bereit ist, dem Gesprächspartner aufmerksam zuzuhören, und dabei auch versucht, sozusagen zwischen den Zeilen zu lesen. Dadurch wird das gegenseitige Verständnis effektiv erhöht, es treten weniger Missverständnisse und Konflikte auf – und, ökonomisch ausgedrückt: Das spart Zeit. Doch mit dem Zuhören ist es in der Tat nicht so einfach. Denn wir denken weitaus schneller, als wir reden können, und unser Gehirn ist deshalb beim Zuhören nicht ausgelastet. Das führt dazu, dass wir mit unseren Gedanken schnell vom Gesprächsinhalt abweichen und nach und nach immer mehr Kapazitäten vom Zuhören abziehen und unseren eigenen Gedankengängen widmen. Nun wollen wir im Gespräch jedoch nicht nur verstehen, was ein Gesprächspartner sagt, sondern auch ergründen, was er tatsächlich meint.

Daher ist es ein wesentlicher Bestandteil einer guten Kommunikation, aufmerksam und konzentriert zuzuhören. Hierbei geht es auch darum, dem Gesprächspartner zu vermitteln, dass wir ihm auch tatsächlich zuhören und ihn verstehen wollen. In der Kommunikationstheorie gibt es dafür den Begriff „aktives Zuhören". Wie der Begriff schon sagt, ist der Zuhörer also keineswegs passiv. Denn der Zuhörer ist damit aufgerufen, mit eigenen Worten zu umschreiben, was der Gesprächspartner gesagt hat, um sich zu vergewissern, ob er alles richtig erfassen konnte. Missverständnisse, Unklarheiten, Verständnisfragen oder Kommunikationsstörungen werden so sehr schnell erkannt und anschließend ausgeräumt. Das Gesprächsziel, das gegenseitige Verstehen, wird erreicht.

Ein weiterer Aspekt des aktiven Zuhörens ist das Verbalisieren. Dabei wird vom Zuhörer nicht das umschrieben, was der andere ausdrücklich gesagt hat, sondern das, was „zwischen den Zeilen" kommuniziert wurde. Hier kommt wieder die emotionale Intelligenz zum Tragen. Verbalisiert werden beispielsweise Gefühle oder Erwartungen, die bei einem Gespräch mitschwingen, ohne dass sie bisher explizit ausgesprochen wurden. Wenn Ihnen beispielsweise Ihr Partner sagt, dass Sie doch mal wieder gemeinsam ein paar Tage irgendwohin fahren könnten, kann das heißen, dass er ganz einfach Lust hat, mit Ihnen einige freie Tage zu verbringen. Doch auch hier macht der Ton die Musik, denn wer aufmerksam zuhört und seine emotionale Intelligenz einsetzt, wird sich vielleicht Gedanken machen, ob der Partner unzufrieden mit der wenigen Zeit ist, die Sie zusammen verbringen. Und genau dieser Aspekt lässt sich dann verbalisieren.

In allen Fällen hat das unaufmerksame Zuhören einen weiteren Effekt: Ein guter Zuhörer wirkt natürlich sympathisch und gibt dem Gesprächspartner das Gefühl, dass seine Ausführungen beim Gegenüber auch auf Interesse stoßen. Und natürlich wünscht sich jeder Mensch, beim anderen Interesse für die eigene Person zu wecken. Auch deshalb sind charismatische Menschen gefragte Gesprächspartner: Sie sind nicht nur auf sich selbst fixiert, sondern interessieren sich für die Meinung und die Person des anderen. Im Gespräch signalisieren sie ihre Bereitschaft zum aufmerksamen Zuhören und wenden ihre emotionale Intelligenz an. Jeder Charismatiker verfügt über ein ausgeprägtes Maß an emotionaler Intelligenz und ist deshalb in der Lage, Gefühle, Absichten und Interessen zu erkennen und das eigene Verhalten auf die Gefühle anderer einzustellen. Das ist natürlich ein Optimalfall für jede Art der Kommunikation – wer will, kann es den Charismatikern gleichtun und so durch die Art seines Kommunikationsverhaltens enorm viel Charisma hinzugewinnen.

Die Kommunikation ist tatsächlich ein weites Feld und umfasst weit mehr als nur die Wahl der Worte. Welche Bedeutung hat die Körpersprache insbesondere auch für eine charismatische Ausstrahlung?

Alle Gedanken, und insbesondere heftige Emotionen, sind untrennbar mit dem Körper als Ausdrucksmittel verbunden. Dies ist beispielsweise der Grund dafür, dass viele Unehrlichkeiten oder eben fehlende Authentizität schnell zu entlarven sind: Oft zeigt sich an solchen Stellen eine Diskrepanz zwischen der gesprochenen Sprache und den körpersprachlichen Signalen. Umgekehrt erhöht sich die Authentizität, wenn die gesamte Person mit ihren Worten und ihrem Körper die gleiche Sprache spricht. Charisma ist immer mit Faszination verbunden, und das Faszinierende an einem Menschen ist natürlich seine Ausstrahlung. Die Körpersprache trägt, ob es uns bewusst ist oder nicht, einen wesentlichen Teil zur eigenen Ausstrahlung bei. So ziehen wir, übrigens gerade beim ersten Eindruck, von der Haltung einer Person immer Rückschlüsse auf ihre gesamte Persönlichkeit und ihre Charaktereigenschaften. Nicht umsonst kann das Wort Haltung nicht nur Körperhaltung, sondern eben auch so viel wie Einstellung bedeuten. Wer hier schon durch seine gesamte Körperhaltung zum Beispiel Erschöpfung, Anspannung oder Lustlosigkeit signalisiert, wird wohl kaum als besonders charismatisch in Erinnerung bleiben. Eine gute Körperhaltung vermittelt dagegen Frische, Aufmerksamkeit und sogar geistige Agilität. Sport und ausreichend Bewegung helfen natürlich dabei, die Körperhaltung zu verbessern. Wer jedoch in wichtigen Situationen eine gute Figur abgeben will, sollte sehr bewusst auf die eigene Körpersprache achten. Schon durch etwas Aufmerksamkeit und den bewussten Einsatz der eigenen Körpersprache lässt sich viel erreichen. Und oft ist hier auch tatsächlich mehr Aufmerksamkeit angebracht: Schließlich bewirken selbst die schönsten Worte und ausgefeiltesten Formulierungen nur wenig, wenn sie im deutlichen Missverhältnis zur Körpersprache stehen. Unsere Glaubwürdigkeit speist sich aus der Übereinstimmung unserer Aussagen, unserer Körpersprache, des Klangs der Stimme und unseres Verhaltens. Deshalb ist mit einem Stirnrunzeln oft mehr gesagt als mit vielen Worten.

Jedes Gespräch wird positiv belebt, wenn die Körpersprache nicht unterdrückt wird, sondern ganz natürlich zum Einsatz kommt. Ab und zu an passender Stelle ein kleines Lächeln zu schenken kostet wirklich nicht viel. Ein freundlicher Blickkontakt wirkt manchmal Wunder und ist eine Selbstverständlichkeit für alle, die ihre Ausstrahlung verbessern wollen. Schließlich signalisiert der Blickkontakt sehr deutlich Ihr Interesse und Ihre Aufmerksamkeit. Sehr wichtig ist zudem, vor allem keine Verlegenheitsgesten einfließen zu lassen. Ein gesenkter Blick auf den Boden kann beispielsweise ebenso wie hängende Schultern fehlendes Selbstvertrauen suggerieren, zusammengepresste Lippen zeugen von innerer Anspannung und Unwohlsein. Und wer mit den Händen ringt, zeigt dem Gegner recht deutlich, dass er mit sich selbst kämpft. Außerdem ist alles zu vermeiden, was den Gesprächspartner nervös macht: Klassiker sind hier natürlich das Herumspielen mit einem Gegenstand wie dem Kugelschreiber oder das zappelige Wippen mit den Füßen. All dies sind kleine Pannen, die der eigenen Ausstrahlung schaden. Andererseits nützt es jedoch auch nichts, sich eine bestimmte Körpersprache künstlich anzutrainieren. Wenn Sie nicht gerade der geborene Schauspieler sind, wirkt eine zur Schau gestellte Körpersprache nur unnatürlich. Und eine übertriebene Theatralik ist unter Umständen sogar peinlich. Mein Tipp heißt daher: Versuchen Sie, Ihre Körpersprache bewusst wahrzunehmen und Ihren eigenen Stil zu finden – bleiben Sie jedoch ganz natürlich, ohne dabei die Sprache Ihres Körpers zu unterdrücken.

Wenn schon ein Fußwippen das Gesprächsgeschehen beeinflusst, welche Rolle spielen dann erst die Worte selbst?

Bei der Kommunikation ist es schwierig, einzelne Bereiche isoliert zu betrachten. Zwar tauchen immer wieder Untersuchungen auf, die besagen, dass die Körpersprache mit soundso viel Prozent und das Gesprochene mit einem anderen Prozentsatz zum Erfolg eines Gesprächs beitragen. Das Problem: Solche Untersuchungen finden unter Laborbedingungen statt, und es ist eben doch etwas anderes, wenn Sie zu Hause am Küchentisch sitzen. Eines belegen solche Tests jedoch ganz deutlich: Der Erfolg der Kommunikation hängt immer von der Gesamtheit und dem Zusammenspiel der einzelnen Elemente ab. Stellen Sie sich nur einmal vor, Sie müssten eine wichtige berufliche Präsentation bei hoch seriösen Rahmenbedingungen halten – inhaltlich haben Sie alles tipptopp formuliert und eine hervorragende Präsentation zusammengestellt, bei der jedes Wort passt. Sie sind also von einem durchschlagenden Erfolg überzeugt. Wenn Sie zu dieser Präsentation nun einen grellgelben Anzug mit großen roten Punkten tragen, werden die Zuhörer vermutlich nicht mehr allzu sehr auf Ihre Worte achten – ganz gleich, wie gut sie gewählt sind.

Dennoch spielen unsere Formulierungen bei jeder Form von Gespräch eine ganz erhebliche Rolle. „Sie sollen ...!", „Sie müssen ...", „Ich warne Sie, wenn Sie das tun, dann ...!", „Wenn Sie doch nur ... würden, dann ...!", „Ich kann Ihnen genau sagen, wie das geht ...", „Wissen Sie überhaupt, dass ...!?", „Das ist Ihr Fehler!" – Kommen Ihnen solche Formulierungen bekannt vor? Hoffentlich sagen Sie jetzt nicht: „Aber ja, so rede ich den ganzen Tag!" Denn Sie werden wohl kaum der Meinung sein, dass Menschen, die häufig derartige Formulierungen verwenden, besonders charismatisch wirken. Wenn Sie sich eine positive Ausstrahlung bewahren oder sogar charismatisch sein wollen, vermeiden Sie, wo es nur geht, ihren Gesprächspartnern zu sagen: wie sie sind, wie sie nicht sind, was sie tun sollten, wie sie sein sollten und was sie einsehen sollten. Wer diesen Tipp befolgt, wird dadurch sehr bald positiv auffallen und ein gefragter Gesprächspartner sein. Vor allem schützen Sie sich damit auch vor unnötigen Konflikten und fruchtlosen Wortgefechten.

Setzen Sie im Gespräch also Ihre emotionale Intelligenz ein und achten Sie aufmerksam darauf, was Sie mit Ihren Worten tatsächlich sagen. Und gerade durch Ihre Fähigkeit, aufmerksam zuzuhören, empfehlen Sie sich als beliebter Gesprächspartner. So ist es schließlich oftmals sogar mehr das Schweigen als das Reden, das ein gutes Gespräch kennzeichnet. Wenn Sie also persönliche Angriffe unterlassen, aufmerksam zuhören und hin und wieder mit einer originellen oder auch humorvollen Formulierung überraschen und aus Sicht Ihrer Gesprächspartner plausibel argumentieren, sind Sie bereits ein charismatischer Gesprächspartner.

5. Für Skeptiker:
11 Vorurteile über Charisma

Die vorangegangenen Kapitel haben ein umfangreiches und detailliertes Bild des Phänomens Charisma gezeichnet und darüber hinaus gezeigt, dass und wie es möglich ist, die eigene Persönlichkeit zu stärken und selbst Charisma zu entwickeln. Es ist deutlich geworden, dass Charisma durchaus erlernbar und nicht nur einigen wenigen Auserwählten vorbehalten ist. Sicherlich wird es dennoch immer wieder Einwände gegen diese Auffassung und gegen die Bedeutung von Charisma geben. Deshalb werden in diesem letzten Kapitel noch einmal die gängigsten Vorurteile gegenüber Charisma aufgegriffen, um diesen Vorbehalten auch den letzten Wind aus den Segeln zu nehmen.

Ein Buch hat doch noch niemanden zum Charismatiker gemacht.
Wie soll mir denn ein Buch dabei helfen, charismatisch zu werden?

Die Antwort liegt bereits in der Frage: Denn tatsächlich macht dieses Buch natürlich nicht einfach einen charismatischen Menschen aus Ihnen, es kann Ihnen jedoch helfen, charismatisch zu *werden*. Vom Bücherlesen allein wird man nicht charismatisch (oder reich, schön, rhetorisch versiert, selbstbewusst, sportlich oder was auch immer in dem betreffenden Buch beschrieben wird). Doch so ein Buch kann trotzdem Wichtiges leisten. Erstens macht es Sie auf die Bedeutung eines Themas aufmerksam und zeigt Ihnen, welche Vorteile charismatische Menschen haben und warum es auch für Sie selbst gut ist, Charisma zu entwickeln. Zweitens ermutigt es Sie, eine ehrliche Bestandsaufnahme über Ihr persönliches Charisma-Level zu machen und bei Bedarf die Initiative zu ergreifen, um Ihrem eigenen Charisma auf die Sprünge zu helfen. Und drittens gibt das Buch Ihnen wertvolle Hinweise und Anregungen, wie Sie selbst charismatisch beziehungsweise charismatischer werden können.

Ein Buch wie dieses kann Ihnen Ihre persönliche Entwicklungsarbeit natürlich nicht abnehmen, es kann Sie jedoch dabei unterstützen, die gewünschten Veränderungsprozesse in Gang zu setzen, in die richtige Richtung zu leiten und zu einem erfolgreichen Abschluss zu bringen. Es hilft Ihnen bei der Orientierung im Dschungel der Möglichkeiten, sodass Sie die für Sie passende Strategie entwickeln können und dabei häufig gemachte Fehler vermeiden. Das Lesen eines solchen Buches regt außerdem zum Nachdenken und zur Reflexion an. Sie lernen sich selbst besser kennen, erfahren wertvolle (intellektuelle und praktische) Impulse, die Sie nur noch zu nutzen brauchen, und profitieren außerdem auch von einer ausführlichen und tiefgründigen Betrachtung des Themas, die Aspekte einbezieht, die Ihnen selbst vielleicht gar nicht in den Sinn gekommen wären. So können Sie Sichtweisen einnehmen und hinterfragen, die Ihnen bisher fremd oder sogar unbekannt waren, und so Ihren Horizont erweitern. Alles in allem ist die Lektüre eines solchen Buches eine große Bereicherung für Ihr Leben, und wenn Sie die Anregungen, die Ihnen vorgestellt werden, nutzen, wird die Wirkung des Buches auch weit über die Lektürezeit hinausreichen.

Charisma ist doch nur etwas für Menschen, die auch gern im Mittelpunkt stehen. Ich bin dafür viel zu schüchtern. Wie soll ich denn da Charisma entwickeln?

Tatsächlich gehören zum Charisma eine besondere Ausstrahlung und eine starke Anziehungskraft, weshalb charismatische Menschen automatisch auch sehr viel Aufmerksamkeit auf sich lenken. Wer nun von Natur aus eher schüchtern ist und nicht so gern im Vordergrund steht, scheint zunächst also erst einmal nicht besonders prädestiniert zu sein für Charisma. Diese Annahme wäre sicherlich richtig, wenn Charisma etwas wäre, was wir einfach von heute auf morgen als Eigenschaft annehmen könnten, ohne unsere Persönlichkeit selbst zu verändern. Doch wie sich gezeigt hat, ist die Entwicklung von Charisma ein längerer Prozess der persönlichen Weiterentwicklung, in dessen Verlauf wir wesentliche Veränderungen durchlaufen. Dabei verändern sich natürlich auch die Aspekte unseres Selbst, die dazu beitragen, dass wir schüchtern sind und uns nicht so präsentieren können, wie wir es wollen. (Schüchternheit ist ja, anders als Bescheidenheit und Zurückhaltung, keine Eigenschaft, mit der wir zufrieden sind. Sie steht uns bei unseren Ambitionen oft im Wege und wird von anderen als Schwäche wahrgenommen.) Ein schwaches Selbstwertgefühl, Unsicherheiten, unterschwellige Ängste, ein fehlendes Verantwortungsbewusstsein oder auch ein mangelndes Bewusstsein über das eigene Selbst und die eigenen Ziele sind mögliche Ursachen für Schüchternheit. Der Weg zu echtem Charisma führt jedoch zur Überwindung dieser persönlichen Schwächen und damit auch zur Überwindung der Schüchternheit.

Das heißt nun jedoch nicht, dass jeder Mensch, der früher schüchtern war und jetzt charismatisch ist, auf einmal ein ganz anderer Mensch ist und sich nun gern und immer wieder mit viel Tamtam in den Mittelpunkt stellt, um alle Aufmerksamkeit auf sich zu ziehen. Doch aus der früheren – gehemmten und ungewollten – Schüchternheit ist jetzt eine dezente – und gewollte – Zurückhaltung geworden, die ihre ganz eigene souveräne Wirkung entfaltet. Auch Menschen, die lieber im Hintergrund agieren und nicht so viel Wirbel machen, können äußerst charismatisch wirken. Sie beweisen Zielstrebigkeit und Durchsetzungskraft, ohne viel Aufhebens darum zu machen, und können Menschen auch mit leisen Tönen überzeugen. Dabei verfügen sie oft über eine Ausstrahlung, die dank ihrer bescheidenen Art einen ganz besonderen Reiz hat und viele Sympathien weckt. Ein solches Auftreten wird von anderen Menschen sehr positiv wahrgenommen und schließt eine charismatische Ausstrahlung also keineswegs aus. Charisma ist eben keine Show, die auf möglichst großen Effekt und Bewunderung aus ist, sondern individueller Ausdruck einer souveränen Persönlichkeit – egal, ob dezent und unaufdringlich oder schillernd und extrovertiert.

Ich bin bisher sehr gut ohne Charisma zurechtgekommen und kann mich gerade im Beruf auf meine Routine verlassen. Warum sollte ich mein bewährtes System jetzt auf einmal über den Haufen werfen?

Die Sicherheit, die wir durch eingespielte und bewährte Abläufe oder Verhaltensweisen erfahren, ist zugegebenermaßen etwas, was wir als sehr positiv empfinden. Routine und probate Verhaltensmuster erleichtern uns das Leben und die Arbeit, da sie uns feste Anhaltspunkte für unsere Entscheidungsfindung geben und immer wiederkehrende (Arbeits-)Abläufe uns natürlich auch leichter von der Hand gehen als etwas neu Erlerntes. Doch hinter diesem Gefühl der Sicherheit lauert die Gefahr des (persönlichen und beruflichen) Stillstandes. Wer sich allzu sehr in seinen Gewohnheiten einrichtet, wird früher oder später kaum noch über Alternativen nachdenken und immer nur innerhalb seiner selbst gesteckten Grenzen agieren. Damit bleiben jedoch viele eigene Potenziale ungenutzt, ganze Lebensbereiche unentdeckt und viele Türen verschlossen. Denn wir sehen die Möglichkeiten gar nicht, die sich uns bieten könnten, weil wir eben nicht über unseren Tellerrand hinausblicken.

Diese Einstellung mag im Privaten vielleicht noch ohne schwerwiegende Folgen bleiben, doch im Berufsleben werden sich die negativen Auswirkungen bald bemerkbar machen. In der heutigen Arbeitswelt reicht es längst nicht mehr aus, sich mit dem einmal Erreichten zufriedenzugeben, um dann jahrelang nur noch routiniert seine Arbeit zu verrichten. Die beruflichen Anforderungen verändern sich stetig, weshalb sich auch die erforderlichen beruflichen Qualifikationen immer wieder ändern. Persönliche Flexibilität und die Bereitschaft, sich weiterzuentwickeln und Neues zu lernen, sind deshalb unverzichtbare Voraussetzungen für nachhaltigen beruflichen Erfolg.

Mit dem Streben nach Charisma beschreiten Sie einen solchen Weg, auf dem Sie Ihre eigenen Denkmuster und Gewohnheiten hinterfragen, Grenzen überschreiten und Neues entdecken. Sie sehen dann auf einmal Alternativen und Möglichkeiten, die Ihnen vorher undenkbar schienen. Sie entdecken neue Herausforderungen und Ziele, die Sie voranbringen, wodurch Sie Ihre persönlichen Fähigkeiten ausbauen und stärken. Und das wiederum betrifft nicht nur das Berufsleben. Auch für Ihre private Lebensführung werden Sie auf diesem Weg eine immense Bereicherung erfahren. Nicht nur, dass Ihr sozialer Erfolg, Ihre Beliebtheit und die Anerkennung, die Ihnen entgegengebracht wird, steigen werden, Sie werden auch zufriedener sein, im Einklang mit Ihrem Selbst leben und so ein erfülltes Leben führen. – Charisma beinhaltet eben weit mehr als eine positive Ausstrahlung auf andere, Charisma ist eine echte Bereicherung für das eigene Leben. Und deshalb lohnt es sich in den meisten Fällen, auch bewährte Systeme über den Haufen zu werfen und etwas Neues zu wagen.

 Charisma ist ja schön und gut, doch für mich ist das jetzt einfach zu spät, schließlich bin ich nicht mehr der/die Jüngste. Außerdem habe ich mich mein ganzes Leben eher im Hintergrund gehalten, besonders ehrgeizig war ich noch nie. Lohnt es sich für mich denn überhaupt noch, jetzt an meiner Ausstrahlung zu arbeiten?

Um charismatisch zu sein, braucht man weder dreimal um die Welt gesegelt noch hochtrabend oder besonders erfolgreich zu sein. Und eine Altersgrenze kennt Charisma schon gar nicht. Im Gegenteil: In vielen Fällen bewirken die fortgeschrittenen Lebensjahre eher eine umso tiefere Kenntnis von der eigenen Persönlichkeit. Man hat es nicht mehr nötig, sich selbst etwas vorzumachen, wird auch etwas milder in seinen Urteilen und kann auf einen breiten Erfahrungsschatz zurückgreifen. Um mehr Charisma zu entwickeln, ist das nun wirklich kein schlechter Ausgangspunkt. Etwas umfassender formuliert, ließe sich als Vorbedingung für Charisma auch sagen, dass es eine gewisse geistige Reife erfordert, die Wirkung der eigenen Persönlichkeit optimal zu nutzen. Würde man alle in den vorherigen Kapiteln genannten Fähigkeiten und Eigenschaften charismatischer Menschen aufzählen, käme man bei jedem einzelnen Punkt zu dem Ergebnis, dass geistig reife Menschen hier bereits im Vorteil sind: Sie sind weniger impulsiv, haben eine ausgeprägte Menschenkenntnis, verfügen über einen scharfen Blick für das Wesentliche, können mit Krisensituationen umgehen, sehen die Dinge insgesamt etwas gelassener und genießen meist ein großes Maß an Vertrauen. Das verleiht ihnen oft eine gewisse Souveränität in ihrem Auftreten und per se schon eine gute Portion Charisma. Reife Menschen sind damit vielen anderen bereits einen großen Schritt voraus. Es gibt also absolut keinen Grund zur falschen Bescheidenheit.

Übrigens haben inzwischen viele Unternehmen erkannt, wie wertvoll das Erfahrungswissen ihrer älteren Mitarbeiter ist. Gerade die älteren Arbeitnehmer können ihre eigenen Fähigkeiten und Fertigkeiten sehr gut einschätzen. Sie haben Sinn für das Machbare und zeigen anderen gegenüber eine größere Toleranz. Erfahrene Mitarbeiter sind sehr zuverlässig, arbeiten mit hoher Genauigkeit, haben eine größere Verbundenheit zum Unternehmen und haben die jeweilige Unternehmenskultur verinnerlicht. Und natürlich verfügen sie über einen unbezahlbaren Erfahrungsschatz. Das alles sind Faktoren, die nicht einfach gelernt werden können, sondern im Laufe der Zeit reifen. Werden diese Eigenschaften mit den frischen Ideen und der Begeisterungsfähigkeit jüngerer Mitarbeiter verbunden, entsteht ein erfolgreiches, effizient arbeitendes Team. Die Erkenntnis, dass das Älterwerden im Betrieb damit eine Chance für Arbeitnehmer und Betrieb gleichermaßen ist, setzt sich immer mehr durch. Es lohnt sich also allemal, sich all der Potenziale bewusst zu werden und einige schlummernde Potenziale zu wecken, statt sich selbst voreilig zum alten Eisen zu zählen. – Zudem brauchen reifere Menschen sicher nicht ihr ganzes Leben umzukrempeln, um mehr Charisma zu entwickeln – viele sind bereits charismatischer, als sie selbst annehmen. Wer sich also seine Potenziale, Stärken und Fähigkeiten bewusst macht, kann aufblühen und den Status einer souverän auftretenden älteren Persönlichkeit mit einem großen Erfahrungsschatz genießen. Sie selbst und viele andere werden davon profitieren.

Heutzutage läuft im Büro doch ohnehin alles über Telefon und Internet. Wozu soll ich denn da noch charismatisch wirken?

Das Thema Charisma betrifft nun wirklich nicht allein das Berufsleben. Das Private hat hier einen mindestens ebenso großen Stellenwert. Abgesehen davon wird selbst der Mensch, der vollkommen vernetzt ist und zehn Stunden oder mehr am Tag am Computer sitzt, dennoch mit anderen Menschen in direkten Kontakt treten. Sehr wahrscheinlich ist es in diesem Falle sogar ratsam, die noch verbliebenen persönlichen Kontakte umso sorgfältiger zu pflegen. Um jedoch konkret auf die Frage zu antworten: Der enorme Anteil, den der persönliche Kommunikationsstil zur Ausstrahlung beiträgt, wurde bereits ausführlich beschrieben. Alle Formen der Kommunikation ohne ein persönliches Gegenüber (wie Telefon, eMail, Chats etc.) haben einen Nachteil: Weil die körperliche Präsenz und damit alle Möglichkeiten zur nonverbalen Kommunikation fehlen, sind die Anforderungen an das gesprochene oder geschriebene Wort besonders hoch. Die Möglichkeit, auf nonverbale Signale des Gegenübers zu reagieren, besteht während eines Telefonats nicht. Beim eMail-Verkehr sind spontane Reaktionen noch weit weniger möglich. Sie wissen nicht, ob Ihr Gegenüber eine Ihrer Äußerungen mit einem skeptischen Stirnrunzeln oder abfälligen Lächeln quittiert. Damit ist Ihnen als Sender von Informationen zunächst unbekannt, wie das von Ihnen Kommunizierte beim Gesprächs- oder Mail-Partner ankommt. Schnell kommt es zu Missverständnissen oder allgemeinen Verständnisproblemen, und wir haben kaum die Möglichkeit, zutreffend einzuschätzen, wie der Mensch am anderen Ende der Leitung uns tatsächlich wahrnimmt. Unsere Instrumente sind allein die Stimme und/oder das gesprochene beziehungsweise geschriebene Wort. Und auf den verbliebenen Kanälen charismatisch zu wirken kann sicher nur derjenige, der in der Kunst des Charismas weit fortgeschritten ist. Die Vorteile liegen auf der Hand: Wer seinen Gesprächspartner beispielsweise am Telefon überzeugen will, verbessert seine Chancen auch hier, wenn er sympathisch wirkt, Interesse weckt und sich präzise ausdrückt. Ähnliches gilt für den Schriftverkehr – in welcher Form auch immer. In allen Fällen ist es gerade im nicht persönlichen Gespräch und im Schriftverkehr von besonderer Bedeutung, den jeweils richtigen Ton zu treffen. Und dafür braucht es nun einmal Einfühlungsvermögen und den Willen zu einer partnerorientierten Kommunikation. Und letztlich wird der Mensch am anderen Ende der Leitung dann doch sehr bald spüren, mit wem er es zu tun hat. So gilt hier das Gleiche wie bei persönlichen Kontakten: Charismatische Menschen wecken Begeisterung, Interesse und Sympathien, weil sie selbst Interesse an anderen Menschen zeigen und mitreißende Begeisterung entwickeln können. Sie heben sich deutlich von der Masse ab und kommen ganz einfach besser an.

 Wenn man über Charisma spricht, spricht man doch üblicherweise über Männer. Auch die charismatischen Persönlichkeiten, die als prominente Beispiele angeführt werden, sind in der Regel Männer. Sind Frauen denn nicht charismatisch?

Selbstverständlich ist Charisma nicht allein den Männern vorbehalten. Es gibt mindestens genauso viele Frauen, die über eine äußerst charismatische Ausstrahlung verfügen. Trotzdem ist die Frage nach dem weiblichen Charisma durchaus berechtigt, denn es ist tatsächlich zu beobachten, dass es in der Vergangenheit doch überwiegend Männer waren, deren Charisma Berühmtheit erlangte. Inzwischen ändert sich das Bild jedoch und immer mehr charismatische Frauen, zum Beispiel aus der Politik, der Wissenschaft oder der Wirtschaft, erscheinen auf der Bildfläche. – Das bedeutet aber nicht, dass es früher weniger charismatische Frauen gegeben hätte und dass es jetzt einfach immer mehr werden. Schon immer gab und gibt es Frauen mit beeindruckendem Charisma – im Gegensatz zu ihren männlichen Kollegen sind sie in der Vergangenheit nur eben nicht so häufig auf den öffentlichen Bildflächen erschienen. Es ist einfach noch nicht so sehr lange üblich, dass Frauen hohe staatliche Ämter bekleiden, in höchsten Positionen eines Unternehmens arbeiten oder andere exponierte Stellungen mit viel öffentlicher Aufmerksamkeit einnehmen. Ihr Charisma hat sich deshalb in ganz anderen Bereichen entfaltet als bei den Männern, deren Wirken oft eine deutlich höhere Reichweite hatte. Charismatische Frauen agierten – und das fraglos auch sehr erfolgreich und mit vielen Anhängern – eher in naheliegenden Wirkungsfeldern, zum Beispiel in sozialen Bewegungen, in privaten Zusammenhängen, in kleineren gesellschaftlichen Gruppen oder auf unteren beruflichen Hierarchieebenen. Ihr Charisma wurde also nur von ihrer direkten Umgebung wahrgenommen, nicht aber von einer breiten Öffentlichkeit oder von (männlichen) Geschichtsschreibern. Die Nachwirkungen davon reichen bis in unsere Gegenwart hinein, sodass sich die Wahrnehmung von charismatischen weiblichen Persönlichkeiten erst jetzt ändert. Es wird also vermutlich niemandem schwerfallen, einige charismatische Frauen aus seinem mehr oder weniger direkten Umfeld zu nennen. Doch eine Aufzählung von berühmten und allgemein bekannten Frauen mit Charisma wird sicherlich schon etwas schwieriger, auch heute noch. – Die Veränderungen in Sachen weibliches Charisma sind jedoch unübersehbar und werden sicherlich in nicht allzu ferner Zeit auch Wirkung zeigen. Charismatische Frauen werden dann auch in der öffentlichen Wahrnehmung nicht mehr unterrepräsentiert sein, sondern mit den Männern – mindestens – gleichziehen.

Es gibt jedoch noch einen anderen Aspekt, der die Wahrnehmung von weiblichem Charisma beeinflusst: Weibliches Charisma wird nicht selten auf die bloße äußerliche Attraktivität und das Sex-Appeal einer Frau reduziert. Einer Frau wird dann zwar eine gewisse Ausstrahlung zugestanden, doch wird der Ursprung dieser Ausstrahlung nur in den körperlichen Reizen dieser Frau gesucht. Ihre Persönlichkeit hat dabei keinen Einfluss auf ihren Charisma-Faktor. – Bei dieser Sichtweise wird der Begriff des Charismas jedoch so stark auf das Äußerliche reduziert, dass dabei in unserem Verständnis letztlich überhaupt nicht mehr von Charisma gesprochen werden kann. Die Begriffe Sex-Appeal, Attraktivität oder auch Glamour sind hier sicherlich besser geeignet, um diese besonderen Vorzüge zu beschreiben, und das ganz unabhängig davon, ob es sich um eine Frau oder um einen Mann handelt.

Als Führungskraft ist mir mein Charisma schnuppe. Ich habe ohnehin das Sagen. Letztlich kommt es doch auf die Autorität an, wozu soll ich da auch noch charismatisch sein? Schließlich will ich doch keinen Beliebtheitswettbewerb gewinnen.

Charisma und Autorität sind kein Widerspruch, im Gegenteil: Charisma verleiht jeder Persönlichkeit natürliche Autorität und stärkt damit das Ansehen einer jeden Führungskraft. Dieses Ansehen ist für die Motivation der Mitarbeiter von größter Bedeutung. Was jedoch im inzwischen schon eher antiquierten Sinne als autoritäre Führung verstanden wird, hat längst ausgedient – weil sie sich im Unternehmen nicht als Erfolg versprechend erwiesen hat. Hier wurde eher kommandiert als wirklich kommuniziert. Der Chef hatte das Sagen und gab die Anweisungen; die Mitarbeiter hatten zu gehorchen und die Befehle ohne zu murren auszuführen. Und wer nicht parierte, bekam tüchtig den Kopf gewaschen. Es regierte also der größte Feind einer guten Kommunikation: die Angst. Die Mitarbeiter eines solches Chefs waren Repressalien ausgesetzt und bekamen kaum Gelegenheit, ihr tatsächliches Potenzial zu entfalten. Eine solche Konstellation läuft dann auf reine Pflichterfüllung hinaus, von wahrer Motivation kann keine Rede sein. So ist der Erfolg dann meist auch dürftig, jedenfalls selten von Dauer und könnte in jedem Falle größer sein. Die negativen Effekte der autoritären, auf Angst beruhenden Kommunikation sind inzwischen sogar wissenschaftlich bewiesen. Eine derartige Kommunikation ist also eher ein Fossil, das sich selbst überlebt hat. Gleichwohl haben sich einige Unternehmen noch immer nicht gänzlich von der repressiven Kommunikation befreit. Die weitsichtigere Führungskraft reflektiert dagegen ihre eigene Wirkung sowohl auf Kunden als auch auf Mitarbeiter. Dahinter steht die Erkenntnis, dass die persönliche Ausstrahlung letztlich wesentlich zum persönlichen Erfolg beiträgt. Wer heute als Führungskraft erfolgreich sein und es auch morgen noch bleiben will, braucht auch das gewisse Etwas. Denn wer eine staubtrockene Ausstrahlung hat, wird weder auf seine Mitarbeiter noch auf seine Kunden sehr inspirierend wirken.

Unternehmen, an deren Spitze charismatische Führungspersönlichkeiten stehen und die insbesondere auch auf eine gute Kommunikationskultur Wert legen, sind daher auf Dauer erfolgreicher. Schließlich zählt zu den Aufgaben der Führungskräfte nicht nur, die richtigen Entscheidungen zu treffen, sondern eben auch, diese Entscheidungen nach außen zu tragen und für andere nachvollziehbar zu machen. Und es geht noch weiter: Wer als Führungskraft auf Charisma und somit auf die Wirkung seiner gesamten Persönlichkeit setzt, strahlt Vertrauen aus, wirkt glaubwürdig, integer und zielstrebig – und übrigens erst dadurch in den Augen der Mitarbeiter kompetent. Das gilt vor allem für diejenigen, die in der Lage sind, ihre Ziele verständlich zu vermitteln und mithilfe ihres eigenen Enthusiasmus andere dazu zu bringen, ihren Vorstellungen zu folgen.

Der Wirkung eines charismatischen Führungsstils wurde lange Zeit nur wenig Beachtung geschenkt. Dabei dürften insbesondere Qualitäten dieser Art den Zusammenhalt innerhalb eines Unternehmens stärken, die Motivation der Mitarbeiter erhöhen, ihre Loyalität stärken und die Fluktuation in der Belegschaft senken. Bestandteil der charismatischen Unternehmensleitung ist auch die Würdigung der Erfolge und Leistungen der Mitarbeiter. Zudem formuliert sie Zielsetzungen für die Zukunft, entwickelt Strategien und hat die Fähigkeit, hierfür die richtigen Worte zu finden, um so bei allen Beteiligten das Bewusstsein einer gemeinsamen Mission zu bilden. Das gelingt Charismatikern vor allen Dingen deshalb, weil sie ihre Mitarbeiter ganz bewusst miteinbeziehen, sich ihnen offen und aufrichtig interessiert zuwenden, ihnen ihre Wertschätzung zeigen, sie bei Schwierigkeiten unterstützen und die Erfolge mit ihnen gemeinsam feiern. Charismatische Führungspersönlichkeiten wirken nicht abgehoben oder arrogant, verschanzen sich nicht in ihrer Führungsetage weit weg vom Mitarbeiter, wie es früher einmal üblich war. All dies gibt den Mitarbeitern die Sicherheit und die Motivation, die sie brauchen, um mit persönlichem Einsatz an die Arbeit zu gehen und sich auch Problemen oder besonderen Herausforderungen zuversichtlich zu stellen. Ein charismatischer Führungsstil wirkt sich stets positiv auf die Leistungsbereitschaft und die Identifikation der Mitarbeiter mit dem Unternehmen aus. Der konservative Führungsstil nach altem Muster hat damit längst ausgedient. Führungskräfte brauchen heute, wie ihr Unternehmen, ein gutes Image, damit sie dauerhaft erfolgreich bleiben. Wahrhaft ernst genommen wird zudem ohnehin nur die Führungskraft, die auch durch ihre Persönlichkeit überzeugen kann. Gerade für Führungskräfte ist es daher mehr als empfehlenswert, in besonderer Weise an ihrer persönlichen Ausstrahlung zu arbeiten.

Ist es überhaupt immer von Vorteil, charismatisch zu sein? Im Beruf bin ich doch lieber die graue Maus als charismatisch, denn sonst mache ich meinem Chef noch Konkurrenz, sodass er mich loswerden will.

Eine solche Sichtweise ist durchaus verbreitet. Allerdings geht es beim Thema Charisma nicht darum, seinen Chef oder sonst wen herauszufordern und ihm seine Position streitig zu machen. Letztlich kann sich jeder Chef nur wünschen, unter seinen Mitarbeitern den einen oder anderen Charismatiker zu haben. Schließlich bringen charismatische Mitarbeiter etliche Eigenschaften mit, die optimal zu den beruflichen Anforderungen passen: Sie stärken den Zusammenhalt, bewahren in hitzigen Momenten einen kühlen Kopf, sind zuverlässig, schlichten Konflikte, können sich und ihre Kollegen motivieren und bestechen durch ihr vorbildliches Kommunikationsverhalten. Charismatiker sind also Problemlöser und sicher selbst niemals das Problem. Ein auch nur halbwegs weitsichtiger Vorgesetzter wird diese Qualitäten zu würdigen wissen.

Nun ist es jedoch sicher nicht auszuschließen, dass ein Chef, der selbst mit all diesen Fähigkeiten nicht mithalten kann, eifersüchtig auf seinen charismatischen Mitarbeiter schielt und sich womöglich sogar bedroht fühlt. Doch in solchen Fällen wird es sich um einen Vorgesetzten handeln, der offensichtlich mit seiner Position überfordert ist. Hier gibt es dann zwei Möglichkeiten: Hat der charismatische Mitarbeiter selbst kein Interesse daran, beruflich eine Stufe höher zu klettern, wird er gewiss Gelegenheit finden, seinem Chef auch eindeutig zu signalisieren, dass er keine Konkurrenz darstellt. Damit dürfte die Situation geklärt sein. Nur scheinbar komplexer wird das Ganze, wenn der Mitarbeiter in jeder Hinsicht qualifizierter als sein Vorgesetzter ist und sich damit berechtigterweise zum Ziel setzt, den nächsten

Schritt auf der Karriereleiter zu erklimmen. Doch hieran gibt es nichts zu kritisieren. Und ein charismatischer Mensch wird sicher Mittel und Wege finden, seine Qualitäten für sich sprechen zu lassen und unnötige Konflikte zu vermeiden. In den meisten Fällen wird er seinen Vorgesetzen eher als Fürsprecher gewinnen, als den Weg der direkten Konfrontation zu gehen. Obendrein wird ein charismatischer und versierter Mitarbeiter sich im Laufe der Zeit im gesamten Unternehmen einen guten Namen gemacht haben. Eine solche breite Reputation spricht für sich, und wer hier als Einzelner eine gegensätzliche Meinung vertritt, riskiert damit vor allem, selbst ein Eigentor zu schießen.

 Mir sind uncharismatische Mitarbeiter lieber! Charismatiker machen mir doch nur Konkurrenz. Wie soll ich mich denn da behaupten?

Tja, ein Vorgesetzter, der so denkt, sollte sich wohl weniger Sorgen um seine Mitarbeiter machen und stattdessen die eigene Einstellung kritisch beleuchten. Auch braucht er die Konkurrenz von anderen nicht zu fürchten, denn sein größter Konkurrent ist er bereits selbst. Wer seine Position als Führungskraft festigen oder selbst den nächsten Schritt nach oben vorbereiten will, ist in erster Linie gut damit beraten, an der eigenen Persönlichkeit zu arbeiten, seine eigene Ausstrahlungskraft zu optimieren und die Anforderungen, die an jede Führungskraft gestellt werden, auch selbst zu erfüllen. Zu den wesentlichen Fähigkeiten aller Führungskräfte zählt an erster Stelle, das Potenzial der Mitarbeiter zu nutzen, ihre Motivation zu wecken, sie auf einem hohen Niveau zu halten und belastende Konflikte im Team zu vermeiden. Ein Mitarbeiter, der all diese Kriterien erfüllt und obendrein durch seine positive Ausstrahlung überzeugt, ist damit auch kein Konkurrent, sondern vor allem genau das Gegenteil: Gute und sogar herausragende Mitarbeiter sind nämlich auch ein Aushängeschild für die eigenen Führungsqualitäten. Ein Abteilungsleiter wird beispielsweise nach den Leistungen der gesamten Abteilung beurteilt. Damit diese Leistungen gut oder besser überdurchschnittlich ausfallen, braucht er außerordentlich qualifizierte und hoch motivierte Mitarbeiter. Wer als Führungskraft einen wahren Charismatiker in seinem Team hat, ist nur zu beglückwünschen, denn der Mitarbeiter wird der Führungskraft vor allem Arbeit abnehmen. Er ist gut damit beraten, den charismatischen Mitarbeiter bewusst in seine Arbeit einzubinden, da dieser viel näher am Geschehen ist und so an Ort und Stelle – auch aufgrund seiner positiven Ausstrahlung – eingreifen kann, um erforderliche Prozesse in Gang zu setzen und erfolgreich ans Ziel zu führen. Der Mitarbeiter ist damit kein Konkurrent, sondern trägt vielmehr dazu bei, die eigene Position zu festigen. Hat der Mitarbeiter tatsächlich größere Ambitionen, gibt es keinen Grund, diese nicht sogar zu fördern. Hier verhält es sich wie bei einem Trainer aus dem Sport, der unter seinen Schützlingen eine besondere Begabung entdeckt hat. Selbst wenn dieser die Erfolge seines Trainers noch überflügeln sollte, spricht es doch auch für den Trainer, das Talent zuvor erkannt und auch gefördert zu haben. – Eine Führungskraft, die dagegen nur durchschnittliche Mitarbeiter in ihren Reihen hat oder einfach das Potenzial des Einzelnen nicht erkannt, wird damit auch selbst kaum positive Aufmerksamkeit erregen. Falls Sie also einen charismatischen Mitarbeiter im Team haben, können Sie sich vor allem glücklich schätzen: Denn in erster Linie werden Sie davon profitieren!

Im Beruf überzeuge ich mit meiner fachlichen Kompetenz, ich brauche keine Show. Was soll mir Charisma dann überhaupt bringen?

In dieser Frage klingen zwei kleine, aber entscheidende Missverständnisse an: Doch Charisma ist keine Show und Charisma ist auch nicht dafür geeignet, einen etwaigen Mangel an Fachkompetenz zu verschleiern. Im Berufsleben sind fachliche Fähigkeiten und Kenntnisse unverzichtbar, um Erfolg zu haben und um andere zu überzeugen. Besteht hier ein Defizit, kann das auch eine noch so betörende persönliche Ausstrahlung auf Dauer nicht wettmachen. Insofern ist es natürlich vollkommen richtig, den fachlichen Kompetenzen eine hohe Priorität einzuräumen. Doch gerade, wenn es darum geht, andere Menschen – zum Beispiel Kollegen, Vorgesetzte, Kunden oder Geschäftspartner – zu überzeugen und für die eigenen Ideen zu gewinnen, spielen die persönlichen, emotionalen und kommunikativen Fähigkeiten eine ebenso große Rolle. Denn nur wer die anderen auch auf der persönlichen Ebene erreicht, wird sie auch in der Sache nachhaltig überzeugen können. Das hat nichts mit Show zu tun, sondern mit emotionaler Intelligenz, Einfühlungsvermögen und einer gekonnten Gesprächsführung beziehungsweise einer überzeugenden Präsentation. – Diese persönlichen Qualitäten sind Grundbausteine der charismatischen Wirkung, weshalb dem echten Charisma auch im Beruf eine große Bedeutung zukommt. Charismatiker profitieren auch im Berufsleben von der persönlichen Anerkennung, die sie erfahren, und von der starken Überzeugungskraft, die sie entwickeln. Sie wecken Begeisterung und strahlen Zuversicht, Sicherheit und Kompetenz aus. Und zwar nicht, weil sie die bessere Show abziehen, sondern weil diese Eigenschaften echt sind und sie die Menschen damit erreichen. – Wer freiwillig darauf verzichtet und sich ausschließlich auf seine Fachkompetenz zurückzieht, verschenkt deshalb wichtige Chancen für den beruflichen Erfolg. Wer hingegen Charisma entfaltet und dabei seine fachlichen und persönlichen Qualitäten gleichermaßen unter Beweis stellt, wird von niemandem als Schaumschläger bezeichnet werden, sondern immer als kompetenter und überzeugender Ansprechpartner gelten.

Doch das ist nicht der einzige Grund, weshalb Charisma auch im Beruf nicht fehlen darf: In der heutigen Arbeitswelt wird darüber hinaus auch erwartet, dass man in der Lage und bereit ist, sich selbst und die eigenen Qualitäten ins rechte Licht zu rücken. Eine gute Portion Selbst-PR gehört heute einfach zum beruflichen Erfolg dazu. Es reicht nicht mehr, seine Arbeit zuverlässig und einwandfrei zu erledigen, um auf der Karriereleiter vorwärtszukommen. Es ist ebenso wichtig, auf die eigenen Leistungen und Qualitäten gezielt aufmerksam zu machen. Diese positive Selbstdarstellung fällt einem Charismatiker natürlich nicht schwer, denn er weiß, was er zu bieten hat, und hat keine Scheu, das auch zu kommunizieren. Menschen, denen es hingegen an Selbstsicherheit und Ausstrahlung fehlt, stellen ihr Licht oft unter den Scheffel und werden – wenn überhaupt – nur zufällig als kompetent wahrgenommen. Für den beruflichen Erfolg ist das auf lange Sicht sicher wenig förderlich. – Es ist wichtig, noch einmal zu betonen: Auch hier geht es nicht darum, mit einer fulminanten Show etwas darzustellen, was man in Wirklichkeit gar nicht ist. Es geht stattdessen um die vorteilhafte Präsentation authentischer Eigenschaften und Fähigkeiten, um gezielt Aufmerksamkeit auf sich und die eigenen Leistungen zu lenken und den Erfolg aus eigener Kraft anzukurbeln.

Ich bin doch schon charismatisch!
Gibt es denn überhaupt noch etwas, das ich wissen sollte?

Glückwunsch! – Obwohl hier durchaus einige Zweifel angebracht sind ... Denn charismatische Menschen gehen eher nicht mit ihrer besonderen Ausstrahlung hausieren. Vielmehr zeichnen sie sich durch eine sympathische Bescheidenheit aus. Wer also überzeugt davon ist, bereits charismatisch zu sein, kann den Wahrheitsgehalt dieser Annahme leicht überprüfen: Ein Abgleich von Selbst- und Fremdbild (wie in Kapitel 3 beschrieben) ist hier sehr aufschlussreich – insbesondere wenn Sie eine vertraute Person einbeziehen und sie explizit danach fragen, wie Sie von außen wahrgenommen werden. Bei aller möglichen Objektivität wird Charisma immer auch etwas Geheimnisvolles behalten, das sich nicht ohne Weiteres entschlüsseln lässt. Fest steht, dass man Charisma nicht in der Weise hat wie manch andere Attribute. Ein Mensch hat zum Beispiel ganz eindeutig braunes Haar oder ist beispielsweise mathematisch begabt, und zwar ganz unabhängig davon, was andere davon denken. Beim Charisma ist dies etwas anders – Charisma entsteht eben auch aus Sicht von außen. Wenn nur Sie allein sich für charismatisch halten und alle Menschen in Ihrem Umfeld völlig anders denken, handelt es sich um eine Fehleinschätzung Ihrerseits. Charisma kommt zwar aus dem Inneren, wird Ihnen aber von außen zugeschrieben. Erst wenn die übereinstimmende Meinung besteht, dass Sie charismatisch sind, kann auch ernsthaft gesagt werden, dass Sie tatsächlich Charisma haben. Hier kommt auch die per Definition soziale Komponente des Charismas zum Tragen: Ein charismatischer Mensch nutzt seine Ausstrahlung nicht nur, um für sich selbst den größtmöglichen Vorteil herauszuschinden. Seine besondere Ausstrahlung wird ihm ja von seinen Mitmenschen unter anderem deshalb attestiert, weil er auch zum Wohl der anderen eintritt. Vermutlich ist diese soziale Komponente auch der spezielle Verstärker, von dem die Ausstrahlung charismatischer Menschen ihre besondere Kraft bezieht. Natürlich haben Charismatiker Freude an ihrer besonderen Wirkung auf andere Menschen und setzen ihre Ausstrahlung auch mit Begeisterung ein, doch stellen sie ihre Fähigkeit nicht zur Schau. Warum auch? Denn wer tatsächlich charismatisch ist, wird es gar nicht nötig haben, sich selbst zu beweihräuchern.

Ohne Risiken und Nebenwirkungen

Den elf soeben beschriebenen Vorurteilen zum Thema Charisma lässt sich noch ein weiteres hinzufügen: Denn viele Menschen glauben noch immer, Charisma sei nur einigen wenigen vorbehalten. Und in gewisser Weise wird dieses Vorurteil noch dadurch beflügelt, dass als Beispiele für charismatische Menschen stets die ganz großen Namen der Geschichte angeführt werden. Denn wer mag sich schon mit Mahatma Ghandi, Martin Luther King oder all den anderen Berühmtheiten, die im Zusammenhang mit Charisma genannt werden, auf eine Stufe stellen? Doch das brauchen Sie auch gar nicht. Vergessen wird hierbei nämlich, dass diese klangvollen Namen vor allem deshalb herangezogen werden, weil jeder sie kennt und ein breiter Konsens besteht, dass diese Menschen tatsächlich charismatisch waren. Letztlich jedoch brauchen wir gar nicht so weit zu greifen – denn jeder von uns kennt in seinem Umkreis ganz gewiss gleich mehrere Menschen, die vermutlich nicht minder charismatisch, nur eben nicht so berühmt sind. Oft denken wir hierbei nur einfach nicht an das Wort Charisma, wir sprechen dann lieber von einer besonderen Ausstrahlung, von Liebenswürdigkeit, Sympathie oder eben der guten Seele von nebenan, so als sei der Begriff Charisma in gewisser Weise für ganz wenige und immer sehr berühmte Menschen reserviert. Doch das ist er nicht. Denn hierbei kommt es keineswegs auf den Status an, den jemand erreicht hat. Was zählt, ist einzig die Vereinigung all der beschriebenen Fähigkeiten und Eigenschaften – und vor allem der Wille, die erforderlichen Schritte zu gehen, um selbst charismatischer zu werden.

Wie Sie gesehen haben, haben Sie alle Möglichkeiten, sich die erforderlichen Fähigkeiten anzueignen und nach außen wirken zu lassen. Über Ihren ganz persönlichen Charisma-Faktor entscheiden Sie also ganz allein. Wichtig ist hierbei auch, keine falsche Bescheidenheit an den Tag zu legen und aus dem Schatten herauszutreten. Gleichzeitig kommt der charismatische Mensch ganz ohne Allüren aus. Denn wo eine wie auch immer geartete Show abgezogen wird, bleiben die Authentizität und damit das Charisma auf der Strecke. Wer mehr Charisma entwickeln will, ist daher vor allem auch dazu aufgerufen, mehr Natürlichkeit zu wagen, sich seiner Persönlichkeit bewusst zu werden und sie gezielt einzusetzen. Der Weg zu mehr Charisma besteht daher zu etwa gleichen Teilen daraus, einerseits bestimmte Fähigkeiten auszubauen und andererseits Verhaltenweisen abzulegen, die einer Entfaltung Ihrer Persönlichkeit und damit Ihres Charismas im Wege stehen.

Wer diese Schritte wagt, kann seiner persönlichen Ausstrahlung rasch auf die Sprünge helfen und im Laufe der Zeit echtes Charisma (denn ein anderes gibt es nicht) entwickeln. Wenn Sie den Weg Richtung Charisma bis zum Ziel gehen wollen, ist allerdings Kontinuität gefragt. Bleiben Sie also am Ball, nehmen Sie Ihr Leben selbst in die Hand und ziehen Sie zwischendurch immer wieder Bilanz: Was haben Sie bereits erreicht? Was können und wollen Sie für sich ganz persönlich noch erreichen? Denken Sie hierbei übrigens nicht nur an berufliche Ziele, sondern an Ihr Leben als Ganzes. Schließlich lässt sich Charisma auch nicht isoliert nur auf einige wenige Lebensbereiche anwenden – so gesehen ist am viel zitierten Satz „Charisma hat man oder man hat es nicht" doch noch etwas dran. Charisma lässt sich nicht auf Knopfdruck herbeiführen und lässt sich abends auch nicht einfach wieder abstellen. Sicher gibt es Momente, in denen Sie mit Ihrer Ausstrahlung besonders gut auftrumpfen können, doch letztlich wird sich an Ihrer positiven Ausstrahlung nicht viel ändern – ob Sie nun morgens Brötchen kaufen, einen wichtigen beruflichen Termin wahrnehmen oder sich mit Freunden treffen: Eine charismatische Ausstrahlung bringt die eigene Außergewöhnlichkeit zur Geltung. Deshalb ist Charisma immer eine Bereicherung für das Leben, für das eigene und auch für alle Menschen in Ihrem Umfeld – ganz ohne negative Nebenwirkungen. Denn Charisma ist per Definition ausschließlich positiv und kommt Ihrem eigenen Wohle und dem aller anderen zugute.

Doch nichts ändert sich, wenn Sie selbst nicht bereit für Veränderungen sind. Beginnen Sie daher nicht morgen oder nächste Woche – sondern jetzt. Genau das ist in allen Fällen der erste und wohl auch wichtigste Schritt zu mehr Charisma: den Anfang machen!

Einen guten Start wünscht Ihnen hierbei

Ihr *Stéphane Etrillard*

Literatur

Deutschlandfunk: *Essay und Diskurs – Charisma und Gott.* Sendung vom 05.07.2009

Deutschlandfunk: *Essay und Diskurs – Charisma und Herrschaft.* Sendung vom 12.07.2009

Deutschlandfunk: *Essay und Diskurs – Charisma und Pop.* Sendung vom 19.07.2009

Etrillard, Stéphane: *Gesprächsrhetorik. Schnell und effektiv. Überzeugen in Gesprächen und Verhandlungen.* Göttingen: BusinessVillage, 2005

Etrillard, Stephane: *Gesprächsrhetorik. Souverän agieren – überzeugend argumentieren.* Göttingen: BusinessVillage, 2005

Etrillard, Stéphane: *Prinzip Souveränität – Als souveräne Persönlichkeit sicher entscheiden und handeln.* Paderborn: Junfermann, 2006

Etrillard, Stéphane & Marx-Ruhland, Doris: *Erfolgreich Führen durch gelungene Kommunikation: Die sieben Grundregeln für perfekte Gesprächsführung.* Göttingen: BusinessVillage, 2005

Gebhardt, Winfried et al.: *Charisma. Theorie – Religion – Politik.* Berlin: de Gruyter, 1993

Georgieva, Christina: *Charisma. Theoretische und politisch-kulturelle Aspekte der „Außeralltäglichkeit".* Bonn: Bouvier Verlag, 2006

Häusermann, Jürg (Hrsg.): *Inszeniertes Charisma. Medien und Persönlichkeit.* Tübingen: Niemeyer, 2001

LeDoux, Joseph: *Das Netz der Persönlichkeit. Wie unser Selbst entsteht.* Düsseldorf: Walter Verlag, 2003

Schmidt-Tanger, Martina: *Charisma-Coaching. Von der Ausstrahlungskraft zur Anziehungskraft.* Paderborn: Junfermann, 2009

Notizen

Notizen

Notizen

Lampenfieber ade!

208 Seiten, kart. • € (D) 22,90 • ISBN 978-3-87387-683-5
REIHE COACHING & BERATUNG • wingwave

CORA BESSER-SIEGMUND, MARIE-LUISE DIERKS & HARRY SIEGMUND

»Sicheres Auftreten mit wingwave-Coaching«

Im Jahr 2006 führten die Medizinische Hochschule Hannover und das Besser-Siegmund-Institut eine Studie zum Thema: »wingwave im Einsatz bei Lampenfieber und Redeangst« durch. Marie-Luise Dierks, die wissenschaftliche Leiterin des Projekts, stellt in diesem Buch die positiven Effekte von wingwave-Coaching für ein sicheres Auftrittserlebnis vor. Cora Besser-Siegmund und Harry Siegmund beschreiben u.a. den Einsatz der wingwave-Intervention für eine stabile Stress-Resistenz und eine positive Leistungsmotivation im berühmten »Rampenlicht«.

Die Diplom-Psychologen **Cora Besser-Siegmund** und **Harry Siegmund** sind als Psychotherapeuten, Lehrtrainer und Supervisoren in ihrem Institut im Herzen Hamburgs tätig.

Prof. Dr. Marie-Luise Dierks, Medizinische Hochschule Hannover, Leitung des Arbeitsschwerpunktes Patienten und Konsumenten.

Weitere erfolgreiche Titel vom Junfermann Verlag:

»Mentales Selbst-Coaching«
ISBN 978-3-87387-631-6
»Erfolge bewegen – Coach Limbic«
ISBN 978-3-87387-553-1
»wingwave-Coaching«
ISBN 978-3-87387-758-0

www.junfermann.de

Erfolgsfaktor Stimme

80 Seiten, kart. • € (D) 9,95 • ISBN 978-3-87387-704-7
REIHE KOMMUNIKATION • Stimmtraining

ARNO FISCHBACHER
»Geheimer Verführer Stimme«

Soft Skills kompakt Bd. 7

Stimme wirkt. Sie verrät Ihre innersten Regungen. Sie bestimmt, wie Sie von anderen wahrgenommen werden. Die Stimme ist ein Schlüsselreiz in der Kommunikation. Sie signalisiert, ob Sie meinen, was Sie sagen. Ihr Ton lässt hören, ob Sie zu Ihrem Anliegen stehen. Stimme und Sprechweise werden so zum Gradmesser Ihrer Authentizität. Was aber ist eine »gute« Stimme? Welche unerwünschten Wirkungen kann Stimme haben und mit welchem Aufwand lässt sich die eigene Stimme trainieren?

Als Stimmcoach und Experte für den Wirtschafts- und Karrierefaktor Stimme gibt Arno Fischbacher klare Antworten und zeigt, inwieweit die Stimme ein Schlüssel zum Herzen, aber auch zum beruflichen Erfolg ist. Notfalltipps sowie Sieben-Sekunden-Übungen für mehr Stimmfitness runden das Buch ab.

Arno Fischbacher, geb. 1955, Stimmcoach und Rhetoriktrainer. Initiator und Vorstand von www.stimme.at, dem europäischen Netzwerk der Stimmexperten.

Weitere erfolgreiche Titel:
»Die Kunst der Präsentation«
ISBN 978-3-87387-693-4
»Erfolgreiche Rhetorik für gute Gespräche«
ISBN 978-3-87387-666-8
»Fragen der KörperSprache«
ISBN 978-3-87387-662-0

www.junfermann.de

»Jetzt packe ich es an!«

144 Seiten, kart. • € (D) 19,95 • ISBN 978-3-87387-732-0
REIHE KOMMUNIKATION • Persönlichkeits-Training

MARTINA SCHMIDT-TANGER
»Charisma-Coaching«

Wie entsteht Charisma? Was ist angeboren und welcher Teil ist lernbar und für wen und wie? Die Coachingexpertin und Wirtschaftspsychologin Martina Schmidt-Tanger bietet zu dieser Fragestellung neues und spannendes Wissen aus Psychologie, Hirnforschung, Selbstmanagement und Menschenführung. Das Buch bietet neben fundiertem Wissen zahlreiche Angebote zur Selbsterkenntnis und überzeugt mit selbststärkenden Coaching-Übungen (auch auf der beiliegenden CD).

»Ein Buch über Charisma? Kann man darüber überhaupt schreiben? Wenn es jemandem gelungen ist, das Unfassbare des Charismas in Worte zu fassen ... und damit fassbar zu machen, dann Martina Schmidt-Tanger mit diesem Buch.« – Dr. Marco von Münchhausen

Martina Schmidt-Tanger, Diplompsychologin und eine der Pionierinnen des Business-NLP, gehört in Deutschland zu den ersten Ausbildungstrainern für Coaching. Zum Thema Charisma hält sie Vorträge in Wirtschaft und Politik.

Das komplette Junfermann-Angebot rund um die Uhr – Schauen Sie rein!

Sie möchten mehr zu unseren aktuellen Titeln & Themen erfahren? Unsere Zeitschriften kennenlernen? Veranstaltungs- und Seminartermine nachlesen? In aktuellen Recherchen blättern?

Besuchen Sie uns im Internet!

www.junfermann.de